DIANLI YINGXIAO
JINENG JINGSAI
YIBENTONG

电力营销技能竞赛一本通
用电检查

王 烨 编

中国电力出版社
CHINA ELECTRIC POWER PRESS

内 容 提 要

为了使电力营销人员快速掌握技能竞赛知识点，高效高质应对考试，编者依据国家电网公司历年技能竞赛实施方案，对其中涉及的法律法规、文件规程、企业文化进行全面梳理和归类，编撰完成了电力营销技能竞赛一本通丛书，分采集运维、客户服务、用电检查 3 个分册。

本书为用电检查分册，共 7 章。全书以法律法规为切入点，涵盖电力安全工作规程、高危及重要客户管理、客户安全用电服务及营销安全防范、技术规程与规范、企业文化及延展体系，以及案例分析及识图题，题库类型分为填空题、不定项选择题、判断题、简答题、案例分析题，读者可以根据自身需要进行学习。

本书可满足电力营销用电检查专业人员竞赛、调考需要，也可供电力营销专业人员技能培训参考使用。

图书在版编目（CIP）数据

电力营销技能竞赛一本通．用电检查／王烨编．—北京：中国电力出版社，2023.5
ISBN 978-7-5198-3605-4

Ⅰ．①电…　Ⅱ．①王…　Ⅲ．①电力工业－市场营销学－中国－习题集　Ⅳ．① F426.61-44

中国版本图书馆 CIP 数据核字（2019）第 184414 号

出版发行：中国电力出版社
地　　址：北京市东城区北京站西街 19 号（邮政编码 100005）
网　　址：http：//www.cepp.sgcc.com.cn
责任编辑：闫姣姣（010-63412433）
责任校对：黄　蓓　王海南
装帧设计：赵姗姗
责任印制：石　雷

印　　刷：三河市百盛印装有限公司
版　　次：2023 年 5 月第一版
印　　次：2023 年 5 月北京第一次印刷
开　　本：787 毫米 ×1092 毫米　16 开本
印　　张：13
字　　数：297 千字
印　　数：0001—1500 册
定　　价：68.00 元

前言

为进一步激发电网营销人员学习业务的积极性，充分营造“尊重知识、尊重人才”的良好氛围，促进员工队伍素质不断提高，近年来，国家电网有限公司（简称国家电网公司）不断地开展营销各专业技能大比武。为了给电力营销人员学习专业技能知识提供一套很好的教材，编者依据国家电网公司历年技能竞赛实施方案中的竞赛内容和参考资料，按照模块化的方式，对电力法律法规、各专业技术规范、管理办法、政策文件，以及企业文化等内容进行全面梳理，编撰完成了电力营销技能竞赛一本通丛书。

本丛书按专业分为客户服务、采集运维和用电检查三个分册，各分册均以法律法规为切入点，涵盖电力法、供电营业规则、电力供应与使用条例等通用条例。每一分册中法律法规名称虽同，内容却根据各自专业方向各有侧重，各有不同。管理办法和细则是根据历年各专业竞赛内容，在对各专业重点内容全面梳理后编撰完成的。技术规范则紧扣各专业相关内容，例如采集运维分册包含了采集运维内容紧密联系的专变采集终端型式技术规范、集中抄表终端（集中器、采集器）故障处理标准化作业指导书、专变采集终端（非230M）故障处理标准化作业指导书、集中抄表终端（集中器、采集器）装拆标准化作业指导书、低压电力线宽带载波通信互联互通技术规范、电力用户用电信息采集系统通信单元技术规范等14个规程规范；用电检查分册包含了和用电检查专业息息相关的电能计量装置技术管理规程、供配电系统设计规范、20kV及以下变电所设计规范、低压配电设计规范、3~110kV高压配电装置设计规范等10个规程规范。企业文化等公用内容，更是紧密结合各专业考核重点编撰而完成。

本丛书的题型分别由填空题、不定项选择题、判断题、简答题、案例分析题组成，在突出系统性、实用性、通俗性的同时，全书各部分联系紧密，各理论试题均配套有答案，可供读者自查使用。本丛书便于全国电网营销人员参加技能大赛集训、调考复习使用，也可作为电力营销专业人员岗位知识考试及技术比武的参考资料。

由于编者水平有限，书中难免存在疏漏之处，敬请读者批评指正。

编者

2023年5月

目　录
Contents

第一章　法律法规

第一节　中华人民共和国电力法

一、填空题

1.《中华人民共和国电力法》自__________起施行。

答案：1996年4月1日

2.《中华人民共和国电力法》规定，电价是指电力生产企业的__________、__________、__________。

答案：上网电价　电网间的互供电价　电网销售电价

3.《中华人民共和国电力法》规定，在依法划定的电力设施保护区内修建建筑物、构筑物或者种植植物、堆放物品，危及电力设施安全的，由__________责令强制拆除、砍伐或者清除。

答案：当地人民政府

4.《中华人民共和国电力法》规定，供电企业和用户应当根据__________、__________的原则签订供用电合同。

答案：平等自愿　协商一致

5.《中华人民共和国电力法》规定，电力事业投资，实行__________、__________的原则。

答案：谁投资　谁收益

6.《中华人民共和国电力法》规定，国家鼓励和支持利用__________能源和__________能源发电。

答案：可再生　清洁

7.《中华人民共和国电力法》规定，电网运行应当__________、__________，保证供电可靠性。

答案：连续　稳定

8.《中华人民共和国电力法》规定，电力企业应当加强安全生产管理，坚持__________、__________的方针，建立、健全安全生产责任制度。

答案：安全第一　预防为主

9.《中华人民共和国电力法》规定，供电企业在批准的__________内向用户供电。

答案：供电营业区

10.《中华人民共和国电力法》规定，供电企业应当按照国家核准的__________和__________的记录，向用户计收电费。

答案：电价　用电计量装置

11.《中华人民共和国电力法》规定，农业用电价格按照__________、__________的原则确定。

答案：保本　微利

12.《中华人民共和国电力法》规定，电力运行事故由于__________、__________等原因造成的，电力企业不承担赔偿责任。

答案：不可抗力　用户自身的过错

13.《中华人民共和国电力法》规定，电网运行实行__________、__________。任何单位和个人不得非法干预电网调度。

答案：统一调度　分级管理

14.《中华人民共和国电力法》规定，电力生产与电网运行应当遵循__________、优质、经济的原则。

答案：安全

15.《中华人民共和国电力法》规定，电力企业应当对电力设施定期进行__________和维护，保证其正常__________。

答案：检修　运行

16.《中华人民共和国电力法》规定，国家对电力供应和使用，实行__________、节约用电、计划用电的管理原则。

答案：安全用电

17.《中华人民共和国电力法》规定，供电营业区的划分，应当考虑电网的结构和供电__________等因素。

答案：合理性

18.《中华人民共和国电力法》规定，供电企业因供电设施检修、依法限电或者用户违法用电等原因，需要中断供电时，如用户对供电企业中断供电有异议的，可以向__________投诉。

答案：电力管理部门

19.《中华人民共和国电力法》规定，供电企业在发电、供电系统正常的情况下，应当连续向用户供电，不得中断。因供电设施检修等原因，需要中断供电时，供电企业应当按照国家的有关规定__________用户。

答案：事先通知

20.《中华人民共和国电力法》规定，在依法划定电力设施保护区前已经种植的植物妨碍电力设施安全的，应当__________或者__________。

答案：修剪　砍伐

21.《中华人民共和国电力法》规定，__________依法对电力企业和用户执行电力法律、行政法规的情况进行监督检查。

答案：电力管理部门

22.《中华人民共和国电力法》规定，电力监督检查人员应当公正廉洁，秉公执法，熟悉电力法律、法规，掌握有关__________。

答案：电力专业技术

23.《中华人民共和国电力法》规定，供电企业应当在其营业场所公告用电的程序、制度和__________，并提供用户须知资料。

答案：收费标准

24.《中华人民共和国电力法》规定，供电企业应当保证供给用户的__________符合国家标准。

答案：供电质量

25.《中华人民共和国电力法》规定，电力设施受国家保护。禁止任何单位和个人危害电力设施安全或者__________、使用电能。

答案：非法侵占

26.《中华人民共和国电力法》规定，电力企业或者用户违反__________，给对方造成损失的，应当依法承担赔偿责任。

答案：供用电合同

二、不定项选择题

1.《中华人民共和国电力法》制定的目的是保障和促进电力事业的发展，维护电力（　　）的合法权益，保障电力安全运行。

A.投资者　　B.建设者

C.使用者　　D.经营者

答案：ACD

2.《中华人民共和国电力法》适用于中华人民共和国境内的电力（　　）活动。

A.建设　　B.生产

C.使用和维护　　D.供应和使用

答案：ABD

3.《中华人民共和国电力法》规定，电力事业应当适应（　　）的需要，适当超前发展。

A.国民经济　　B.社会发展

C.电网规划　　D.科学发展

答案：AB

4.《中华人民共和国电力法》规定，国家实行分类电价和分时电价，分类标准和分时办法由（　　）确定。

A.国家电网公司　　B.国务院

C.省级电力公司　　D.物价行政主管部门

答案：B

5.《中华人民共和国电力法》规定，省、自治区、直辖市人民政府应当制定农村电气化发展规划，并将其纳入（　　）及国民经济和社会发展计划。

A.城乡电网建设规划　　B.电网发展规划

C.电力发展规划　　D.当地电力发展规划

答案：D

6.《中华人民共和国电力法》规定，县级以上地方人民政府及其经济综合主管部门在安排用电指标时，应当保证农业和农村用电的适当比例，（　　）不在优先保证用电范围。

A.农村排涝用电　　B.农民生活用电

C.抗旱用电　　D.农业季节性生产用电

答案：B

7.《中华人民共和国电力法》规定，独立电网内的上网电价，由电力生产企业和电网经营企业协商提出方案，报有管理权的（　　）核准。

A.能源局　　B.国务院

C.人民政府　　D.物价行政主管部门

答案：D

8.《中华人民共和国电力法》规定，客户受电装置的设计、施工安装和运行管理，应当符合国家标准或者（　　）标准。

A.电力行业　　B.地方

C.省级电力公司　　D.电力企业

答案：A

9.《中华人民共和国电力法》规定，未按照国家核准的电价和用电计量装置的记录向用户计收电费、超越权限制定电价或者在电费中加收其他费用的，由（　　）给予警告，责令返还违法收取的费用，可以并处违法收取费用5倍以下的罚款。

A.县级以上地方人民政府　　B.电力管理部门

C.当地人民政府　　D.物价行政主管部门

答案：D

10.《中华人民共和国电力法》规定，任何单位和个人不得（　　）干预电网调度。

A.私自　　B.变相

C.非法　　D.擅自

答案：C

11.《中华人民共和国电力法》规定，电力企业应当加强安全生产管理，建立、健全安全生产（　　）制度。

A.承包　　B.责任

C.奖励　　D.惩罚

答案：B

12.《中华人民共和国电力法》规定，用户用电不得（　　）供电、用电安全和扰乱供电、用电秩序。

A.干预　　B.危害

C.保证　　D.提供

答案：B

13.《中华人民共和国电力法》规定，在电力设施周围进行爆破及其他可能危及电力设施安全的作业，应当按照国务院有关电力设施保护的规定，经（　　）并采取确保电力设施安全的措施后，方可进行作业。

A.可行性研究　　B.批准

C.协商同意　　D.缴纳保证金

答案：B

14.《中华人民共和国电力法》规定，电力管理部门应当按照国务院有关电力设施保护的规定，对电力设施保护区设立（　　）。

A.标志　　B.围栏

C.专门机构　　D.检查站

答案：A

15.《中华人民共和国电力法》规定，任何单位和个人不得在依法划定的电力设施保护区内修建可能危及（　　）设施安全的建筑物、构筑物。

A.水利　　B.电力

C.交通　　D.公共

答案：B

16.《中华人民共和国电力法》规定，电力设施与公用工程、绿化工程和其他工程在新建、扩建或者改建中相互妨碍时，有关单位应当按照（　　）协商，达成协议后方可施工。

A.国家有关规定　　B.互相礼让精神

C.当地习惯　　D.互利共赢原则

答案：A

17.《中华人民共和国电力法》规定，国家帮助和扶持（　　）发展电力事业。

A.少数民族地区　　B.特殊地区

C.边远地区　　D.贫困地区

答案：ACD

18.《中华人民共和国电力法》规定，国家鼓励和支持农村（　　）能源进行农村电源建设，增加农村电力供应。

A.太阳能　　B.风能

C.地热能　　D.生物质能

答案：ABCD

19.《中华人民共和国电力法》规定，（　　）须报有管理权的物价行政主管部门核准。

A.独立电网内的上网电价　　B.独立电网与独立电网之间的互供电价

C.独立电网的销售电价　　D.省级电网和独立电网之间的互供电价

答案：ABC

20.《中华人民共和国电力法》规定，由国务院物价行政主管部门核准的互供电价范围为（　　）。

A.跨省、自治区、直辖市电网和独立电网之间

B.省级电网和独立电网之间的互供电价

C.独立电网与独立电网之间的互供电价

D.省级电网和省级电网之间

答案：AB

21.《中华人民共和国电力法》规定，电力建设项目依法征收土地的，应当依法支付（　　），做好迁移居民的安置工作。

A.土地补偿费　　B.青苗赔偿费

C.安置补偿费　　D.生活补助费

答案：AC

22.《中华人民共和国电力法》规定，电力建设应当贯彻（　　）的原则。

A.切实保护耕地　　B.有利于环境保护

C.节约利用土地　　D.提高经济效益

答案：AC

23.《中华人民共和国电力法》规定，制定电价，应当（　　）促进电力建设。

A.合理补偿成本　　B.合理确定收益

C.依法计入税金　　D.坚持公平负担

答案：ABCD

24.《中华人民共和国电力法》规定，（　　）电价可以由省、自治区、直辖市人民政府管理。

A.地方投资的电力生产企业所生产的电力，属于在省内各地区形成独立电网

B.地方投资的电力生产企业所生产的电力，属于自发自用

C.独立电网与独立电网之间的互供电价

D.省级电网和独立电网之间的互供电价

答案：AB

25.《中华人民共和国电力法》规定，禁止任何单位和个人在电费中加收其他费用；但是（　　）另有规定的，按照规定执行。

A.行政法规　　B.地方政府规定

C.规章制度　　D.法律

答案：AD

26.《中华人民共和国电力法》规定，用户对供电质量有特殊要求的，供电企业应当根据（　　），提供相应的电力。

A.其必要性　　B.其重要性

C.电网的可能　　D.供电的可能性

答案：AC

27.《中华人民共和国电力法》规定，禁止任何单位和个人危害电力设施安全或者（　　）电能。

A.非法侵占　　B.大量消费

C.充分利用　　D.非法使用

答案：AD

28.《中华人民共和国电力法》规定，扰乱电力生产企业及（　　）的秩序，致使电力生产、工作和营业不能正常进行，构成犯罪的，依法追究刑事责任。

A.公共场所　　B.变电所

C.电力调度机构　　D.供电企业

答案：BCD

三、判断题

1.《中华人民共和国电力法》规定，地方集资办电在电费中加收费用的，由地方人民政府依照国务院有关规定制定办法。（　　）

答案：×

2.《中华人民共和国电力法》规定，电力建设、生产、供应和使用应当依法保护环境，采用新技术，减少有害物质排放，防治污染和其他公害。（　　）

答案：√

3.《中华人民共和国电力法》规定，县级以上地方人民政府经济综合主管部门是本行政区域内的政府部门，负责电力事业的监督管理。（　　）

答案：×

4.《中华人民共和国电力法》规定，国家鼓励在电力建设、生产、供应和使用过程中，采用先进的科学技术和管理方法，对在研究、开发、采用先进的科学技术和管理方法等方面作出显著成绩的单位和个人给予奖励。（　　）

答案：√

5.《中华人民共和国电力法》规定，地方人民政府应当根据电力发展规划，因地制宜，采取多种措施开发电源，发展电力建设。（　　）

答案：√

6.《中华人民共和国电力法》规定，电力投资者对其投资形成的电力，享有法定权益。并网运行的，电力投资者有优先使用权；并网的自备电厂，电力投资者自行支配使用。（　　）

答案：×

7.《中华人民共和国电力法》规定，地方人民政府应当支持电力企业为发电工程建设勘探水源和依法取水、用水。电力企业应当节约用水。（　　）

答案：√

8.《中华人民共和国电力法》规定，电力企业应当加强安全生产管理，坚持安全第一、预防为主的方针，建立、健全安全生产责任制度。（　　）

答案：√

9.《中华人民共和国电力法》规定，电力建设应当贯彻切实保护耕地、节约利用土地的原则。（　　）

答案：√

10.《中华人民共和国电力法》规定，供电营业区内的供电营业机构，对本营业区内的用户有按照国家规定供电的义务；不得违反国家规定对其营业区内申请用电的单位和

个人拒绝供电。(　　)

答案：√

11.《中华人民共和国电力法》规定，任何单位不得超越电价管理权限制定电价。供电企业可变更电价。(　　)

答案：×

12.《中华人民共和国电力法》规定，不论任何供电原因，需要中断供电时，供电企业应当按照国家有关规定事先通知用户。(　　)

答案：×

13.《中华人民共和国电力法》规定，用户对供电企业中断供电有异议的，可以向电力管理部门投诉；受理投诉的电力管理部门应当依法处理。(　　)

答案：√

14.《中华人民共和国电力法》规定，供电企业应当按照政府核准的电价和用电计量装置的记录，向用户计收电费。(　　)

答案：×

15.《中华人民共和国电力法》规定，用户对供电质量有特殊要求的，供电企业应当根据其必要性和电网的可能，提供相应的电力。(　　)

答案：√

16.《中华人民共和国电力法》规定，在电力设施周围进行爆破及其他可能危及电力设施安全的作业的，应当按照国务院有关电力设施保护的规定，经批准后，方可进行作业。(　　)

答案：×

17.《中华人民共和国电力法》规定，电价的分类标准和分时办法由物价部门确定。(　　)

答案：×

18.《中华人民共和国电力法》规定，独立电网内的上网电价，由电力生产企业和电网经营企业协商提出方案，报有管理权的物价行政主管部门核准。(　　)

答案：√

四、简答题

1.《中华人民共和国电力法》规定，电力运行事故由哪些原因造成的，电力企业不承担赔偿责任?

答案：电力运行事故由下列原因之一造成的，电力企业不承担赔偿责任：

(1)不可抗力。

(2)用户自身的过错。

因用户或者第三人的过错给电力企业或者其他用户造成损害的，该用户或者第三人应当依法承担赔偿责任。

2.《中华人民共和国电力法》规定，在依法划定的电力设施保护区内修建建筑物、构筑物或者种植植物、堆放物品，危及电力设施安全的应怎样处理?

答案：在依法划定的电力设施保护区内修建建筑物、构筑物或者种植植物、堆放物品，危及电力设施安全的，由当地人民政府责令强制拆除、砍伐或者清除。

第二节　供电营业规则

一、填空题

1.《供电营业规则》规定，因建设引起建筑物、构筑物与供电设施相互妨碍，需要迁移供电设施或采取防护措施时，应按__________的原则，确定其担负的责任。

答案：建设先后

2.《供电营业规则》规定，电网装机容量在__________万kW以下的，供电频率的允许偏差为 ±0.5Hz；在电力系统非正常状况下，供电频率允许偏差不应超过__________Hz。

答案：300　　±1.0

3.《供电营业规则》规定，在电力系统非正常状况下，用户受电端的电压最大允许偏差不应超过额定值的__________。

答案：±10%

4.《供电营业规则》规定，用户遇有特殊情况，需延长供电方案有效期的，应在有效期到期前__________天向供电企业提出申请，供电企业应视情况予以办理延长手续。

答案：10

5.《供电营业规则》规定，暂换变压器的使用时间，10kV及以下的不得超过__________个月，35kV及以上的不得超过__________个月。

答案：2　　3

6.《供电营业规则》规定，互感器或电能表误差超出允许范围时，以__________为基准，按验证后的误差值退补电量。退补时间从上次校验或换装后投入之日起至误差更正之日止的二分之一时间计算。

答案："0"误差

7.《供电营业规则》规定，引起停电或限电的原因消除后，供电企业应在__________日内恢复供电。

答案：3

8.《供电营业规则》规定，供电频率超出允许偏差，给用户造成损失的，供电企业应按用户每月在频率不合格的累计时间内所用的电量，乘以当月用电的平均电价的__________给予赔偿。

答案：20%

9.《供电营业规则》规定，窃电时间无法查明时，窃电日数至少以__________天计算，每日窃电时间：电力用户按__________h计算；照明用户按__________h计算。

答案：180　　12　　6

10.《供电营业规则》规定，在供电企业的供电设施上，擅自接线用电的，所窃电量按私接设备额定容量（千伏安视同千瓦）乘以__________计算确定。

答案：实际使用时间

11.《供电营业规则》规定，用电计量装置，应当安装在供电设施与受电设施的__________。安装在用户处的用电计量装置，由__________负责保护。

答案：产权分界处　用户

12.《供电营业规则》规定，有重要负荷的用户在取得供电企业供给的保安电源的同时，还应有__________的应急措施，以满足安全的需要。

答案：非电性质

13.《供电营业规则》规定，计算电量的倍率或铭牌倍率与实际不符的，以__________为基准，按正确与错误倍率的差值退补电量，退补时间以抄表记录为准确定。

答案：实际倍率

14.《供电营业规则》规定，在受电装置一次侧装有连锁装置互为备用的变压器（含高压电动机），按可能同时使用的变压器（含高压电动机）容量之和的__________计算其基本电费。

答案：最大值

15.《供电营业规则》规定，因抢险救灾需要紧急供电时，供电企业应迅速组织力量，架设临时电源供电。架设临时电源所需的工程费用和应付的电费，由地方人民政府有关部门负责从__________中拨付。

答案：救灾经费

16.《供电营业规则》规定，供用电设备计划检修应做到统一安排。供用电设备计划检修时，对35kV及以上电压供电的用户的停电次数，每年不应超过__________次；对10kV供电的用户，每年不应超过__________次。

答案：1　3

17.《供电营业规则》规定，临时用电的用户，应安装__________。对不具备安装条件的，可按其__________、__________、__________计收电费。

答案：用电计量装置　用电容量　使用时间　规定的电价

18.《供电营业规则》规定，私自超过合同约定的容量用电的，除应__________外，属于两部制电价的用户，应补交私增设备容量__________的基本电费，并承担__________倍私增容量基本电费的违约使用电费；其他用户应承担私增容量每千瓦（kVA）__________元的违约使用电费。如用户要求继续使用者，按新装增容办理手续。

答案：拆除私增容设备　使用月数　3　50

二、不定项选择题

1.《供电营业规则》规定，用户需要备用、保安电源时，供电企业应按其（　　），与用户协商确定。

A.负荷重要性　　B.用电容量

C.电网的承载力　　D.供电的可能性

答案：ABD

2.《供电营业规则》规定，遇有下列（　　）情况之一者，保安电源应由用户自备。

A.在电力系统瓦解造成供电中断时，仍需保证供电的

B.不可抗力造成供电中断时，仍需保证供电的

C.用户自备电源比从电力系统供给更为灵活运行的

D.用户自备电源比从电力系统供给更为经济合理的

答案：ABD

3.《供电营业规则》规定，供电企业不得委托（　　）用户进行转供电。

A.专线用户　　B.该地区有供电能力的直供用户

C.使用临时电源的用户　　D.重要的国防军工用户

答案：D

4.《供电营业规则》规定，在计算转供户用电量、最大需量及功率因数调整电费时，应扣除被转供户、公用线路与变压器消耗的有功、无功电量。下列选项中有关最大需量折算正确的是（　　）。

A.被转供户为照明及一班制：每月用电量180kWh，折合为1kW

B.被转供户为二班制：每月用电量360kWh，折合为1kW

C.被转供户为三班制：每月用电量540kWh，折合为1kW

D.被转供户为农业用电：每月用电量270kWh，折合为1kW

答案：ABCD

5.《供电营业规则》规定，供电企业的用电营业机构统一归口办理用户的用电申请和报装接电工作，包括用电申请书的发放及审核、（　　）、施工中间检查、竣工检验、供用电合同（协议）签约、装表接电等项业务。

A.供电条件勘查　　B.供电方案确定及批复

C.有关费用收取　　D.受电工程设计的审核

答案：ABCD

6.《供电营业规则》规定，用户申请新装或增加用电时，应向供电企业提供用电工程项目批准的文件及有关的用电资料，包括（　　）、用电负荷、保安电力、用电规划等，并依照供电企业规定的格式如实填写用电申请书及办理所需手续。

A.用电地点　　B.电力用途

C.用电性质　　D.用电设备清单

答案：ABCD

7.《供电营业规则》规定，新建受电工程项目在立项阶段，用户应与供电企业联系，就（　　）等达成意向性协议，方可定址，确定项目。

A.工程供电的可能性　　B.用电容量

C.用电时间　　D.供电条件

答案：ABD

8.《供电营业规则》规定，在客户受电点内难以按电价类别分别装设用电计量装置时，可（　　），然后按其不同电价类别的用电设备容量的比例或实际可能的用电量，确

定不同电价类别用电量的比例或定量进行分算，分别计价。

A.与客户协商每月定量计量　　B.装设总的用电计量装置

C.多月计量用电量　　D.在方便的位置装设计量装置

答案：B

9.《供电营业规则》规定，供电企业在（　　）后应对用电计量装置加封，并请用户在工作凭证上签章。

A.新装　　B.换装

C.拆表　　D.现场校验

答案：ABD

10.《供电营业规则》规定，由于用户的原因未能如期抄录计费电能表读数时，可（　　），待下次抄表时一并结清。

A.通知用户待期补抄　　B.暂按预估底码计收电费

C.暂按前次用电量计收电费　　D.其他方式

答案：AC

11.《供电营业规则》规定，电网经营企业与并网发电厂应根据国家法律、行政法规和有关规定，签订并网协议，并在并网发电前签订（　　）合同。

A.供用电　　B.购售电

C.并网电量购销　　D.并网调度

答案：C

12.《供电营业规则》规定，下列属于违约行为的是（　　）。

A.用户撕毁留存的供用电合同

B.执行居民电价的用户私自开小卖部进行营业

C.供电企业改变电网运行方式

D.用户停运无功补偿设备

答案：B

三、判断题

1.《供电营业规则》规定，供用电双方在合同中订有电压质量责任条款的，用户用电功率因数达到规定标准，而供电电压超出规定的变动幅度，给用户造成损失的，供电企业给予赔偿。（　　）

答案：√

2.《供电营业规则》规定，供电企业一般不采用趸售方式供电，以减少中间环节。特殊情况需开放趸售供电时，应由省级电网经营企业的电力管理部门批准。（　　）

答案：×

3.《供电营业规则》规定，新建受电工程项目在立项阶段，用户未与供电企业联系的，供电企业有权拒绝受理其用电申请。（　　）

答案：√

4.《供电营业规则》规定，只要用电地址和用电容量不变，就允许客户更名或过户。(　　)

答案：×

5.《供电营业规则》规定，供电企业向有重要负荷的用户提供保安电源，宜符合独立电源的条件。(　　)

答案：×

6.《供电营业规则》规定，对新建受电工程，如因供电企业供电能力不足或政府规定限制的用电项目，供电企业可通知用户暂缓办理。(　　)

答案：√

7.《供电营业规则》规定，100kVA及以上高压供电的客户功率因数应达到0.90以上。(　　)

答案：√

8.《供电营业规则》规定，共用供电设施的维护管理，由产权单位协商确定，产权单位可自行维护管理，也可以委托供电企业维护管理。(　　)

答案：√

9.《供电营业规则》规定，对用电量大的用户，在签订供用电合同时，可单独签订电费结算协议。(　　)

答案：√

10.《供电营业规则》规定，由于用户责任造成供电企业对外停电，用户应按供电企业停电时间少供电量，乘以上月份供电企业平均售电单价的20%给予赔偿。(　　)

答案：×

四、简答题

1.根据《供电营业规则》规定，请回答什么情况下，保安电源应由用户自备?

答案：遇有下列情况之一者，保安电源应由用户自备：

(1)在电力系统瓦解或不可抗力造成供电中断时，仍需保证供电的。

(2)用户自备电源比从电力系统供给更为经济合理的。

(3)供电企业向有重要负荷的用户提供的保安电源，应符合独立电源的条件。有重要负荷的用户在取得供电企业供给的保安电源的同时，还应有非电性质的应急措施，以满足安全的需要。

2.《供电营业规则》规定的变更用电有哪些类型？

答案：(1)减容。

(2)暂停。

(3)暂换。

(4)迁址。

(5)移表。

(6)暂拆。

(7)更名或过户。

（8）分户。

（9）并户。

（10）销户。

（11）改压。

（12）改类。

3.《供电营业规则》规定，高、低压供电的用户应提供哪些受电工程设计文件和有关资料应一式两份送交供电企业审核?

答案：用户受电工程设计文件和有关资料应一式两份送交供电企业审核。

高压供电的用户应提供：

（1）受电工程设计及说明书。

（2）用电负荷分布图。

（3）负荷组成、性质及保安负荷。

（4）影响电能质量的用电设备清单。

（5）主要电气设备一览表。

（6）节能篇及主要生产设备、生产工艺耗电以及允许中断供电时间。

（7）高压受电装置一、二次接线图与平面布置图。

（8）用电功率因数计算及无功补偿方式。

（9）继电保护、过电压保护及电能计量装置的方式。

（10）隐蔽工程设计资料。

（11）配电网络布置图。

（12）自备电源及接线方式。

（13）供电企业认为必须提供的其他资料。

低压供电的用户应提供：负荷组成和用电设备清单。

4.《供电营业规则》规定，无功电力平衡的原则是什么?

答案：无功电力应就地平衡。用户应在提高用电自然功率因数的基础上，按有关标准设计和安装无功补偿设备，并做到随其负荷和电压变动及时投入或切除，防止无功电力倒送。

5.《供电营业规则》规定，用户向供电企业提出工程竣工报告应包括哪些内容?

答案：用户受电工程施工、试验完工后，应向供电企业提出工程竣工报告，报告应包括：

（1）工程竣工图及说明。

（2）电气试验及保护整定调试记录。

（3）安全用具的试验报告。

（4）隐蔽工程的施工及试验记录。

（5）运行管理的有关规定和制度。

（6）值班人员名单及资格。

（7）供电企业认为必要的其他资料或记录。

6.《供电营业规则》规定，供电企业和用户分工维护管理的供电和受电设备，如何进行管理？

答案：供电企业和用户分工维护管理的供电和受电设备，除另有约定者外，未经管辖单位同意，对方不得操作或更动；如因紧急事故必须操作或更动者，事后应迅速通知管辖单位。

7.《供电营业规则》规定，在供电设施上发生事故，按什么原则确定承担的法律责任？

答案：在供电设施上发生事故引起的法律责任，按供电设施产权归属确定。产权归属于谁，谁就承担其拥有的供电设施上发生事故引起的法律责任。但产权所有者不承担受害者因违反安全或其他规章制度，擅自进入供电设施非安全区域内而发生事故引起的法律责任，以及在委托维护的供电设施上，因代理方维护不当所发生事故引起的法律责任。

第三节　电力监管条例

一、填空题

1.《电力监管条例》规定，电力监管应当依法进行，并遵循__________、公正和效率的原则。

答案：公开

2.《电力监管条例》规定，任何单位和__________对违反电力监管条例和国家有关电力监管规定的行为有权向电力监管机构和政府有关部门举报。

答案：个人

3.《电力监管条例》规定，电力监管机构应当接受__________财政、监察、审计等部门依法实施的监督。

答案：国务院

4.《电力监管条例》规定，依法从事电力监管工作的人员在进行现场检查时，应当出示有效__________。

答案：执法证件

5.《电力监管条例》规定，电力监管机构从事监管工作的人员利用职务便利谋取不正当利益的，依法给予行政处分；构成犯罪的，依法追究__________。

答案：刑事责任

6.《电力监管条例》规定，罚款和没收的违法所得，按照国家有关规定上缴__________。

答案：国库

7.《电力监管条例》规定，电力监管机构具体负责__________管理工作。

答案：电力安全监督

8.《电力监管条例》规定，电力监管机构有权责令__________、__________交易机构按照国家有关电力监管规章、规则的规定如实披露有关信息。

答案：电力企业　电力调度

9.《电力监管条例》已于__________年__________月__________日国务院第__________次常务会议通过，现予公布，自__________年__________月__________日起施行。

答案：2005　2　2　80　2005　5　1

10.《电力监管条例》规定，电力监管机构对发电厂__________、电网，以及发电厂与电网协调运行中执行有关规章、规则的情况实施监管。

答案：并网互联

11.《电力监管条例》规定，电力监管机构对__________、__________交易机构执行电力市场运行规则的情况，以及__________交易机构执行电力调度规则的情况实施监管。

答案：电力企业　电力调度　电力调度

12.《电力监管条例》规定，电力监管机构对__________按照国家规定的电能质量和供电服务质量标准向用户提供供电服务的情况实施监管。

答案：供电企业

二、不定项选择题

1.《电力监管条例》规定，电力监管机构对电力企业、电力调度交易机构执行电力市场（　　）的情况，以及电力调度交易机构执行电力调度规则的情况实施监管。

A.运行规则　B.生产经营
C.公开公平　D.三不指定

答案：A

2.《电力监管条例》规定，电力企业、电力调度交易机构应当按照国务院电力监管机构的规定将与监管相关的信息系统接入（　　）。

A.电力查询信息系统　B.电力监管信息系统
C.电力稽查信息系统　D.电力咨询信息系统

答案：B

3.《电力监管条例》规定，违反规定未取得电力业务许可证擅自经营电力业务的，由电力监管机构责令改正，没收违法所得，可以并处违法所得（　　）的罚款；构成犯罪的，依法追究刑事责任。

A.3倍以下　B.2倍以上5倍以下
C.6倍以下　D.5倍以下

答案：D

4.《电力监管条例》规定，电力企业、电力调度交易机构有提供虚假或者隐瞒重要事实的文件、资料的，由电力监管机构责令改正；拒不改正的，处（　　）的罚款。

A.5万元以上50万元以下　B.5万元以上60万元以下
C.5万元以上80万元以下　D.10万元以上100万元以下

答案：A

5.《电力监管条例》规定，对于不按照规定公平开放电网的电力企业，由电力监管机构责令改正；拒不改正的，可以处（　　）的罚款。

A.5万元以上50万元以下　　B.5万元以上60万元以下

C.10万元以上80万元以下　　D.10万元以上100万元以下

答案：D

6.《电力监管条例》规定，电力企业不遵守电力市场运行规则的，由电力监管机构责令改正；拒不改正的，处（　　）的罚款。

A.5万元以上50万元以下　　B.10万元以上80万元以下

C.10万元以上100万元以下　　D.50万元以上100万元以下

答案：C

7.《电力监管条例》规定，电力监管机构依照有关法律和国务院有关规定，颁发和管理（　　）许可证。

A.电力业务　　B.生产

C.经营　　D.电工进网

答案：A

8.《电力监管条例》规定，（　　）对供电企业按照国家规定的电能质量和供电服务质量标准向用户提供供电服务的情况实施监管。

A.电监会　　B.电力监管机构

C.电力管理部门　　D.国务院监察部门

答案：B

9.《电力监管条例》规定，电力监管的任务是维护电力市场秩序，依法保护电力（　　）的合法权益和社会公共利益，保障电力系统安全稳定运行，促进电力事业健康发展。

A.投资者　　B.建设者

C.经营者　　D.使用者

答案：ACD

10.《电力监管条例》规定，国务院电力监管机构依照本条例和国务院有关规定，履行（　　）职能。

A.电力监管　　B.电力管理

C.行政执法　　D.行政处罚

答案：AC

11.《电力监管条例》规定，电力监管机构从事监管工作的人员，应当具备与电力监管工作相适应的（　　）。

A.沟通能力　　B.学历

C.专业知识　　D.业务工作经验

答案：CD

12.《电力监管条例》规定，电力监管机构及其从事监管工作的人员依法履行电力监管职责，有关单位和人员应当予以（　　）。

A.配合　　B.执行

C.协助　　　　　　　　　　　　D.服从

答案：AC

13.《电力监管条例》规定，电力监管机构依法履行职责，可以采取下列（　　）措施，进行现场检查。

A.进入电力企业、电力调度交易机构进行检查

B.询问电力企业、电力调度交易机构的工作人员，要求其对有关检查事项作出说明

C.查阅、复制与检查事项有关的文件、资料，对可能被转移、隐匿、损毁的文件、资料予以封存

D.要求电力企业、电力调度交易机构对检查结果进行总结、汇报

答案：ABC

14.《电力监管条例》规定，电力监管机构从事监管工作的人员有下列（　　）情形的，依法给予行政处分；构成犯罪的，依法追究刑事责任。

A.违反有关法律和国务院有关规定颁发电力业务许可证的

B.发现未经许可擅自经营电力业务的行为，不依法进行处理的

C.发现违法行为或者接到对违法行为的举报后，不及时进行处理的

D.利用职务便利谋取不正当利益的

答案：ABCD

15.《电力监管条例》规定，电力监管机构从事监管工作的人员在电力企业、电力调度交易机构兼任职务的，由电力监管机构责令改正，没收兼职所得；拒不改正的，予以（　　）。

A.辞退　　　　　　　　　　　　B.警告

C.处分　　　　　　　　　　　　D.开除

答案：AD

16.《电力监管条例》规定，电力企业、电力调度交易机构有下列（　　）情形的，由电力监管机构责令改正；拒不改正的，处5万元以上50万元以下的罚款。

A.提供虚假或者隐瞒重要事实的文件、资料的

B.拒绝或者阻碍电力监管机构及其从事监管工作的人员依法履行监管职责的

C.电力调度交易机构违反本条例规定，不按照电力市场运行规则组织交易的

D.发电厂并网、电网互联不遵守有关规章、规则的

答案：AB

17.《电力监管条例》制定的目的是（　　）。

A.加强电力监管　　　　　　　　B.规范电力监管行为

C.维护电力市场秩序　　　　　　D.依法保护电力使用者的合法权益

答案：ABCD

18.《电力监管条例》规定，电力监管机构应当建立（　　）制度。

A.权利　　　　　　　　　　　　B.法律法规

C.监管责任　　　　　　　　　　D.监管信息公开

答案：CD

19.《电力监管条例》规定，电力监管机构对供电企业按照国家规定的（　　）标准向用户提供供电服务的情况实施监管。

A.供电可靠率　　B.电能质量

C.供电服务质量　　D.供电服务提供

答案：BC

20.《电力监管条例》规定，国务院价格主管部门、国务院电力监管机构依照（　　），对电价实施监管。

A.法律　　B.行政法规

C.国务院的规定　　D.市场需求

答案：ABC

21.《电力监管条例》适用于中华人民共和国境内全民所有的已建或在建的（　　）（包括发电厂、变电站和电力线路设施及其附属设施）。

A.供电设施　　B.电力设施

C.输电设施　　D.发电设施

答案：B

三、判断题

1.《电力监管条例》规定，国务院电力监管机构根据履行职责的需要，可自行设立派出机构。（　　）

答案：×

2.《电力监管条例》规定，电力监管机构按照国家有关规定，对电力企业在各电力市场中所占份额的比例实施监管。（　　）

答案：×

3.《电力监管条例》规定，发电厂与电网并网、电网与电网互联，并网双方或者互联双方达不成协议，影响电力交易正常进行的，电力监管机构应当进行协调；经协调仍不能达成协议的，由法院作出裁决。（　　）

答案：×

4.《电力监管条例》规定，电力调度交易机构工作人员泄露电力交易内幕信息的，由电力监管机构令改正，并依法给予处分。（　　）

答案：√

5.《电力监管条例》规定，国务院电力监管机构依照有关法律、行政法规和本条例的规定，在其职责范围内制定并发布电力监管规章、规则。（　　）

答案：√

6.《电力监管条例》规定，电力监管机构依法履行职责，可以进入电力企业、电力调度交易机构进行检查，也对检查中发现的违法行为，有权当场予以纠正或者要求限期改正。（　　）

答案：√

7.《电力监管条例》规定，电力业务许可证是由电力监管机构颁发和管理的。（　　）

答案：√

8.《电力监管条例》规定，架空电力线路保护区为导线边线在最大计算风偏后的水平距离和距建筑物的安全距离所形成的两平行线内的区域。(　　)

答案：×

9.《电力监管条例》规定，在架空线路导线两侧各500m的区域内禁止放风筝。(　　)

答案：×

10.《电力监管条例》规定，地下电缆铺设后，应设立标志，并将地下电缆所在位置书面通知有关部门。(　　)

答案：×

四、简答题

1.《电力监管条例》规定，电力监管的任务是什么？

答案：维护电力市场秩序，依法保护电力投资者、经营者、使用者的合法权益和社会公共利益，保障电力系统安全稳定运行，促进电力实业的健康发展。

2.《电力监管条例》规定，电力监管机构依法履行职责，可以采取哪些措施进行现场检查？

答案：进入电力企业、电力调度交易机构进行检查；询问电力企业、电力调度交易机构的工作人员，要求其对有关检查事项作出说明；查阅、复制与检查事项有关的文件、资料，对有可能被转移、隐匿、损毁的文件、资料予以封存；对检查中发现的违法行为，有权当场予以纠正或者要求限期改正。

第四节　电力供应与使用条例

一、填空题

1.《电力供应与使用条例》自__________起施行。

答案：1996年9月1日

2.《电力供应与使用条例》规定，__________依法负责本供区内的电力供应与使用的业务工作，并接受电力管理部门的监督。

答案：电网经营企业

3.《电力供应与使用条例》规定，供电设施、受电设施的设计、施工、试验和运行，应当符合国家标准或者__________标准。

答案：电力行业

4.《电力供应与使用条例》规定，因建设需要，必须对已建成的供电设施进行迁移、改造或者采取防护措施时，建设单位应当事先与该供电设施管理单位协商，所需工程费用由__________负担。

答案：建设单位

5.《电力供应与使用条例》规定，用电计量装置，应当安装在供电设施与受电设施的__________。

答案：产权分界处

6.《电力供应与使用条例》规定，安装在用户处的用电计量装置，由__________负责保护。

答案：用户

7.《电力供应与使用条例》规定，因供电设施计划检修需要停电时，供电企业应当提前__________天通知用户或者进行公告。

答案：7

8.《电力供应与使用条例》规定，因供电设施临时检修需要停止供电时，供电企业应当提前__________h通知重要用户。

答案：24

9.《电力供应与使用条例》规定，在用户受送电装置上作业的电工，必须经电力管理部门考核合格，取得电力管理部门颁发的__________，方可上岗作业。

答案：电工进网作业许可证

10.《电力供应与使用条例》规定，逾期未交付电费的，供电企业可以从逾期之日起，每日按照电费总额的__________加收违约金，具体比例由供用电双方在供用电合同中约定。

答案：1‰～3‰

二、不定项选择题

1.《电力供应与使用条例》规定，盗窃电能的，由电力管理部门责令停止违法行为，追缴电费并处应缴电费（　　）倍以下罚款。构成犯罪的，依法追究刑事责任。

A.3　　B.4

C.5　　D.6

答案：C

2.《电力供应与使用条例》规定，供用电合同的（　　）或者解除，应当依照有关法律、行政法规和本条例的规定办理。

A.终止　　B.改变

C.变更　　D.暂停

答案：C

3.《电力供应与使用条例》规定，用户用电容量超过其所在的供电营业区内供电企业供电能力的，由（　　）指定的其他供电企业供电。

A.省级供电企业　　B.县级以上电力管理部门

C.省级以上电力管理部门　　D.国务院电力管理部门

答案：C

4.《电力供应与使用条例》规定，（　　）负责全国电力供应与使用的监督管理工作。

A.国务院电力管理部门　　B.县级以上地方人民政府电力管理部门

C.电网经营企业　　D.供电企业

答案：A

5.《电力供应与使用条例》规定，(　　)负责本行政区域内电力供应与使用的监督管理工作。

A.县级以上地方人民政府电力管理部门　　B.电网经营企业

C.国务院电力管理部门　　D.供电企业

答案：A

6.《电力供应与使用条例》规定，逾期未交付电费的，自逾期之日起计算超过(　　)日，经催缴仍未交付电费的，供电企业可以按照国家规定的程序停止供电。

A.15　　B.30

C.45　　D.60

答案：B

7.《电力供应与使用条例》规定，在公用供电设施未到达的地区，(　　)可以委托有供电能力的单位就近供电。

A.供电企业　　B.县级以上电力管理部门

C.电力用户　　D.省级物价管理部门

答案：A

8.《电力供应与使用条例》规定，电力管理部门应当加强对(　　)的监督管理，禁止危害供用电安全和非法侵占电能的行为。

A.电力供应　　B.电力使用

C.供用电　　D.电力建设

答案：C

9.《电力供应与使用条例》规定，公用供电设施建成投产后，由(　　)统一维护管理。

A.供电单位　　B.社区

C.政府　　D.国家

答案：A

10.《电力供应与使用条例》规定，抗旱用电应付的电费应当由(　　)交付电费。

A.地方人民政府　　B.用户

C.供电企业　　D.国家

答案：B

11.《电力供应与使用条例》制定的目的是加强电力供应与使用的管理，保障供电、用电双方的合法权益，维护供电、用电秩序，(　　)合理地供电和用电。

A.安全　　B.方便

C.经济　　D.优质

答案：AC

12.《电力供应与使用条例》规定，(　　)均应当到当地供电企业办理手续，并按照国家有关规定交付费用。

A.申请新装用电　　B.临时用电

C.增加用电容量　　D.变更用电和终止用电

答案：ABCD

13.《电力供应与使用条例》规定，以下（　　）行为属于窃电行为。

A.在供电企业的供电设施上，擅自接线用电

B.绕越供电企业的用电计量装置用电

C.伪造或者开启法定的或者授权的计量检定机构加封的用电计量装置封印用电

D.故意使供电企业的用电计量装置计量不准或者失效

答案：ABCD

14.《电力供应与使用条例》规定，以下（　　）行为属于危害供电、用电安全，扰乱正常供电、用电秩序的行为。

A.未经供电企业许可，擅自引入、供出电源或者将自备电源擅自并网

B.擅自改变用电类别

C.擅自超过合同约定的容量用电

D.擅自超过计划分配的用电指标的

答案：ABCD

15.《电力供应与使用条例》规定，公用路灯由乡、民族乡、镇人民政府或者县级以上地方人民政府有关部门负责建设，并负责运行维护和交付电费，也可以委托供电企业代为（　　）。

A.有偿设计　　B.有偿施工

C.有偿维护管理　　D.无偿服务

答案：ABC

16.《电力供应与使用条例》规定，供电企业职工发生下列（　　）情况，需要依法给予行政处分；构成犯罪的，依法追究刑事责任。

A.违反规章制度造成供电事故的　　B.滥用职权

C.利用职务之便谋取私利　　D.违反劳动纪律

答案：ABC

17.《电力供应与使用条例》规定，供用电合同应当具备以下（　　）条款。

A.供电方式、供电质量和供电时间　　B.用电容量和用电地址、用电性质

C.计量方式和电价、电费结算方式　　D.供用电设施维护责任的划分

答案：ABCD

18.《电力供应与使用条例》规定，在发电、供电系统正常运行情况下，供电企业应当连续向用户供电；因故需要停止供电时，应当按照下列（　　）要求事先通知用户或者进行公告。

A.因供电设施计划检修需要停电时，供电企业应当提前7个工作日通知用户或者进行公告

B.因供电设施临时检修需要停止供电时，供电企业应当提前24h通知重要用户

C.因发电、供电系统发生故障需要停电、限电时，供电企业应当按照事先确定的有序用电方案进行停电或者限电

D.引起停电或者限电的原因消除后，供电企业应当尽快恢复供电

答案：BCD

19.《电力供应与使用条例》规定，用户受电端的供电质量应当符合（　　）。

A.国家标准　　B.电力行业标准

C.用户要求　　D.通用标准

答案：AB

20.《电力供应与使用条例》规定，供电方式由电力供应与使用双方根据以下（　　）因素协商确定。

A.国家有关规定　　B.电网规划

C.用电需求　　D.当地供电条件

答案：ABCD

21.《电力供应与使用条例》规定，公用供电设施建成投产后，由供电单位统一维护管理。经电力管理部门批准，供电企业可以（　　）该供电设施。

A.使用　　B.改造

C.扩建　　D.变卖

答案：ABC

22.《电力供应与使用条例》规定，供电企业和用户签订供用电合同的原则是（　　）。

A.平等自愿　　B.协商一致

C.平等互利　　D.诚实信用

答案：AB

23.《电力供应与使用条例》规定，电力管理部门应当加强对供用电的监督管理，协调供用电各方关系，禁止危害（　　）的行为。

A.供用电安全　　B.破坏计量装置

C.非法侵占电能　　D.危害公共安全

答案：AC

24.《电力供应与使用条例》规定，供电企业和用户应当制订节约用电计划，推广和采用节约用电的（　　），降低电能消耗。

A.新技术　　B.新材料

C.新工艺　　D.新设备

答案：ABCD

25.《电力供应与使用条例》规定，用户应当按照合同约定的（　　）用电，交付电费和国家规定的其他费用。

A.数量　　B.条件

C.时间　　D.方式

答案：AB

26.《电力供应与使用条例》规定，地方各级人民政府应当按照城市建设和乡村建设

的总体规划统筹安排（ ）和营业网点的用地。

A. 城乡供电线路走廊 B. 电缆通道

C. 区域变电站 D. 区域配电所

答案：ABCD

27.《电力供应与使用条例》规定，供电企业可以按照国家有关规定在规划的线路走廊、电缆通道、区域变电站、区域配电站和营业网点的用地上（ ）。

A. 架线 B. 敷设电缆

C. 建设公用供电设施 D. 建设受电设施

答案：ABC

28.《电力供应与使用条例》规定，供电企业应当按照城乡电网建设和改造的规划做好（ ）管理工作。

A. 供电设施建设 B. 受电设施建设

C. 供电设施运行 D. 受电设施运行

答案：AC

29.《电力供应与使用条例》规定，供用电合同的变更或者解除，应当依照有关（ ）的规定办理。

A. 法律 B. 电力供应与使用条例

C. 行政法规 D. 合同法

答案：ABC

30.《电力供应与使用条例》规定，供电企业应当按照（ ），向用户计收电费。

A. 国家核准的电价 B. 上网电价

C. 用电计量装置的记录 D. 发电量

答案：AC

三、判断题

1.《电力供应与使用条例》第十七条规定，共用供电设施的维护管理，由产权单位协商确定，产权单位可自行维护管理，也可以委托供电企业维护管理。（ ）

答案：√

2.《电力供应与使用条例》第二十一条规定，因抢险救灾需要紧急供电时，供电企业必须尽速安排供电。所需工程费用和应付电费由有关地方人民政府有关部门从抢险救灾经费中支出，但是抗旱用电可以不交电费。（ ）

答案：×

3.《电力供应与使用条例》第三十七条规定，在用户受送电装置上作业的电工，必须经电力管理部门考核合格，方可上岗作业。（ ）

答案：×

4.《电力供应与使用条例》第四十二条规定，供电企业或者用户违反供用电合同，给对方造成损失的，按照规定，由电力管理部门负责调解。（ ）

答案：×

5.《电力供应与使用条例》第八条规定，供电营业区的划分，应当考虑电网的结构和供电合理性等因素。(　　)

答案：√

6.《电力供应与使用条例》第十二条规定，县级以上各级人民政府应当将城乡电网的建设与改造规划，纳入城市建设和乡村建设的总体规划。(　　)

答案：√

7.《电力供应与使用条例》第十六条规定，供电企业因作业对建筑物或者农作物造成损坏的，应当根据实际情况给予赔偿。(　　)

答案：×

8.《电力供应与使用条例》第十八条规定，因建设需要，必须对已建成的供电设施进行迁移、改造或者采取防护措施时，建设单位应当事先与该供电设施管理单位协商，所需工程费则可以不用负担。(　　)

答案：×

9.《电力供应与使用条例》第二十条规定，在公用供电设施未到达的地区，供电企业可以委托有供电能力的单位就近供电，其他任何单位有权利和义务进行供电。(　　)

答案：×

10.《电力供应与使用条例》第三十条规定，电力用户要引入、供出电源或者将自备电源并网，需经供电企业许可。(　　)

答案：√

11.《电力供应与使用条例》第四十三条规定，因电力运行事故、用户自身或第三人的过错给企业或个人造成损害的，均由供电企业依法承担赔偿责任。(　　)

答案：×

12.《电力供应与使用条例》第十四条规定，公用路灯由供电企业负责建设，并负责运行维护和交付电费。(　　)

答案：×

13.《电力供应与使用条例》第四条规定，电网经营企业依法负责本供区内的电力供应与使用的业务工作，并接受电力管理部门的监督。(　　)

答案：√

14.《电力供应与使用条例》第八条规定，供电企业在批准的供电营业区内向用户供电。(　　)

答案：√

15.《电力供应与使用条例》第二十二条规定，供电企业应根据客户对供电质量的要求，提供相应的电力。(　　)

答案：×

16.《电力供应与使用条例》第二十六条规定，安装在用户处的用电计量装置，由用户负责保护。(　　)

答案：√

17.《电力供应与使用条例》第二十八条规定，因发电、供电系统发生故障需要停电、

限电时，供电企业应当按照事先确定的限电序位进行停电或者限电。（   ）

答案：√

四、简答题

1.《电力供应与使用条例》规定，用户不得有哪些危害供电、用电安全，扰乱正常供电、用电秩序的行为？

答案：（1）擅自改变用电类别。

（2）擅自超过合同约定的容量用电。

（3）擅自超过计划分配的用电指标的。

（4）擅自使用已经在供电企业办理暂停使用手续的电力设备，或者擅自启用已经被供电企业查封的电力设备。

（5）擅自迁移、更动或者擅自操作供电企业的用电计量装置、电力负荷控制装置、供电设施，以及约定由供电企业调度的用户受电设备。

（6）未经供电企业许可，擅自引入、供出电源或者将自备电源擅自并网。

2.《电力供应与使用条例》规定，供用电合同应当具备哪些条款？

答案：（1）供电方式、供电质量和供电时间。

（2）用电容量和用电地址、用电性质。

（3）计量方式和电价、电费结算方式。

（4）供用电设施维护责任的划分。

（5）合同的有效期限。

（6）违约责任。

（7）双方共同认为应当约定的其他条款。

3.《电力供应与使用条例》规定，有哪些行为的，由电力管理部门责令改正，没收违法所得，可以并处违法所得5倍以下的罚款？

答案：（1）未按照规定取得《供电营业许可证》，从事电力供应业务的。

（2）擅自伸入或者跨越供电营业区供电的。

（3）擅自向外转供电的。

第五节 电力设施保护条例

一、填空题

1.《电力设施保护条例》规定，电力设施的保护，实行__________、__________、公安部门和人民群众相结合的原则。

答案：电力管理部门 电力企业

2.《电力设施保护条例》规定，国务院电力管理部门对电力设施的保护负责

＿＿＿＿＿、＿＿＿＿＿、＿＿＿＿＿和＿＿＿＿＿。

答案：监督　检查　指导　协调

3.《电力设施保护条例》规定，架空电力线路保护区，导线边线向外侧水平延伸并垂直于地面所形成的两平行面内的区域，在一般地区各级电压导线的边线延伸距离为1～10kV＿＿＿＿＿m。

答案：5

4.《电力设施保护条例》规定，电力电缆线路保护区，地下电缆为电缆线路地面标桩两侧各＿＿＿＿＿m所形成的两平行线内的区域；海底电缆一般为线路两侧各＿＿＿＿＿海里（港内为两侧各100m），江河电缆一般不小于线路两侧各＿＿＿＿＿m（中、小河流一般不小于各50m）所形成的两平行线内的水域。

答案：0.75　2　100

5.《电力设施保护条例》规定，任何单位或个人，不得在架空电力线路导线两侧各＿＿＿＿＿m的区域内放风筝。

答案：300

6.《电力设施保护条例》规定，任何单位或个人必须经＿＿＿＿＿以上地方电力管理部门批准，并采取安全措施后，方可在架空电力线路保护区内进行农田水利基本建设工程及打桩、钻探、开挖等作业。

答案：县级

7.《电力设施保护条例》规定，电力设施的建设和保护应尽量避免或减少给＿＿＿＿＿、＿＿＿＿＿和＿＿＿＿＿造成的损失。

答案：国家　集体　个人

8.《电力设施保护条例》规定，新建、改建或扩建电力设施，需要损害农作物，砍伐树木、竹子，或拆迁建筑物及其他设施的，电力建设企业应按照国家有关规定给予＿＿＿＿＿补偿。

答案：一次性

9.《电力设施保护条例》规定，违反本条例规定，危害发电设施、变电设施和电力线路设施的，由电力管理部门责令改正；拒不改正的，处＿＿＿＿＿元以下的罚款。

答案：10000

10.《电力设施保护条例》规定，凡违反本条例规定而构成违反治安管理行为的单位或个人，由公安部门根据《中华人民共和国治安管理处罚法》予以处罚；构成犯罪的，由＿＿＿＿＿依法追究刑事责任。

答案：司法机关

二、不定项选择题

1.《电力设施保护条例》规定，县以上地方各级电力管理部门保护电力设施的职责是（　　）。

A.监督、检查本条例及根据本条例制定的规章的贯彻执行

B.开展保护电力设施的宣传教育工作

C.会同有关部门及沿电力线路各单位，建立群众护线组织并健全责任制

D.会同当地公安部门，负责所辖地区电力设施的安全保卫工作

答案：ABCD

2.《电力设施保护条例》规定，任何单位或个人在架空电力线路保护区内不得（　　）。

A.烧窑　　B.烧荒

C.兴建建筑物　　D.构筑物

答案：ABCD

3.《电力设施保护条例》规定，任何单位或个人不得从事（　　）危害电力设施建设的行为。

A.非法侵占电力设施建设项目依法征收的土地

B.涂改、移动、损害、拔除电力设施建设的测量标桩和标记

C.破坏、封堵施工道路，截断施工水源或电源

D.在电力电缆线路保护区内进行作业

答案：ABC

4.《电力设施保护条例》规定，任何单位或个人有（　　）行为之一，电力管理部门应给予表彰或一次性物质奖励。

A.对破坏电力设施或哄抢、盗窃电力设施器材的行为检举、揭发有功

B.对破坏电力设施或哄抢、盗窃电力设施器材的行为进行斗争，有效地防止事故发生

C.为保护电力设施而同自然灾害做斗争，成绩突出

D.为维护电力设施安全，做出显著成绩

答案：ABCD

5.《电力设施保护条例》规定，发电设施、变电设施的保护范围（　　）。

A.发电厂　　B.变电站

C.换流站　　D.开关站

答案：ABCD

三、判断题

1.《电力设施保护条例》规定，架空电力线路保护区为导线边线在最大计算风偏后的水平距离和距建筑物的安全距离所形成的两平行线内的区域。（　　）

答案：×

2.《电力设施保护条例》规定，地下电缆铺设后，应设立标志，并将地下电缆所在位置书面通知有关部门。（　　）

答案：×

3.《电力设施保护条例》规定，违反本条例规定，危害电力设施建设的，由电力管理部门责令改正、恢复原状并赔偿损失。（　　）

答案：√

4.《电力设施保护条例》规定，在依法划定的电力设施保护区内种植的或自然生长的可能危及电力设施安全的树木、竹子，电力企业应依法予以修剪或砍伐。(　　)

答案：√

5.《电力设施保护条例》规定，公用工程、城市绿化和其他工程在新建、改建或扩建中妨碍电力设施时，或电力设施在新建、改建或扩建中妨碍公用工程、城市绿化和其他工程时，双方有关单位必须按照本条例和国家有关规定协商，就迁移、采取必要的防护措施和补偿等问题达成协议后方可施工。(　　)

答案：√

6.《电力设施保护条例》规定，未经有关部门依照国家有关规定批准，任何单位和个人不得收购电力设施器材。(　　)

答案：√

四、简答题

1.《电力设施保护条例》规定，任何单位或个人在架空电力线路保护区内，必须遵守哪些规定？

答案：（1）不得堆放谷物、草料、垃圾、矿渣、易燃物、易爆物及其他影响安全供电的物品。

（2）不得烧窑、烧荒。

（3）不得兴建建筑物、构筑物。

（4）不得种植可能危及电力设施安全的植物。

2.《电力设施保护条例》规定，电力线路设施的保护范围有哪些？

答案：（1）架空电力线路：杆塔、基础、拉线、接地装置、导线、避雷线、金具、绝缘子、登杆塔的爬梯和脚钉，导线跨越航道的保护设施，巡（保）线站，巡视检修专用道路、船舶和桥梁，标志牌及其有关辅助设施。

（2）电力电缆线路：架空、地下、水底电力电缆和电缆联结装置，电缆管道、电缆隧道、电缆沟、电缆桥，电缆井、盖板、人孔、标石、水线标志牌及其有关辅助设施。

（3）电力线路上的变压器、电容器、电抗器、断路器、隔离开关、避雷器、互感器、熔断器、计量仪表装置、配电室、箱式变电站及其有关辅助设施。

（4）电力调度设施：电力调度场所、电力调度通信设施、电网调度自动化设施、电网运行控制设施。

第二章 电力安全工作规程

第一节　国家电网有限公司电力安全工作规程　配电部分

一、填空题

1.《国家电网公司电力安全工作规程（配电部分）（试行）》（国家电网安质〔2014〕265号）规定，配电线路系指__________kV及以下配电网中的架空线路、电缆线路及其附属设备等。

答案：20

2.《国家电网公司电力安全工作规程（配电部分）（试行）》规定，作业人员应经医师鉴定，无妨碍工作的病症，体格检查每__________年至少一次。

答案：两

3.《国家电网公司电力安全工作规程（配电部分）（试行）》规定，作业人员应接受相应的安全生产知识教育和岗位技能培训，掌握配电作业必备的电气知识和业务技能，并按工作性质，熟悉本规程的相关部分，经__________合格后上岗。

答案：考试

4.《国家电网公司电力安全工作规程（配电部分）（试行）》规定，参与公司系统所承担电气工作的外单位或外来人员应熟悉本规程；经考试合格，并经__________认可后，方可参加工作。

答案：设备运维管理单位

5.《国家电网公司电力安全工作规程（配电部分）（试行）》规定，进入作业现场应正确佩戴安全帽，现场作业人员还应穿__________、绝缘鞋。

答案：全棉长袖工作服

6.《国家电网公司电力安全工作规程（配电部分）（试行）》规定，新参加电气工作的人员、实习人员和临时参加劳动的人员（管理人员、非全日制用工等），应经过__________后，方可下现场参加指定的工作，并且不得单独工作。

答案：安全生产知识教育

7.《国家电网公司电力安全工作规程（配电部分）（试行）》规定，在多电源和有自备电源的用户线路的__________，应有明显断开点。

答案：高压系统接入点

8.《国家电网公司电力安全工作规程（配电部分）（试行）》规定，在绝缘导线所有电源侧及适当位置（如支接点、耐张杆处等）、柱上变压器高压引线，应装设__________或其他验电、接地装置。

答案：验电接地环

9.《国家电网公司电力安全工作规程（配电部分）（试行）》规定，柱上断路器应有分、合位置的__________指示。

答案：机械

10.《国家电网公司电力安全工作规程（配电部分）（试行）》规定，封闭式组合电器引出电缆备用孔或母线的终端备用孔应用__________封闭。

答案：专用器具

11.《国家电网公司电力安全工作规程（配电部分）（试行）》规定，待用间隔（已接上母线的备用间隔）应有__________、__________，并纳入调度控制中心管辖范围。其隔离开关（刀闸）操作手柄、网门应能加锁。

答案：名称　　编号

12.《国家电网公司电力安全工作规程（配电部分）（试行）》规定，高压手车开关拉出后，__________应可靠封闭。

答案：隔离挡板

13.《国家电网公司电力安全工作规程（配电部分）（试行）》规定，作业现场的__________和安全设施等应符合有关标准、规范的要求，作业人员的劳动防护用品应合格、齐备。

答案：生产条件

14.《国家电网公司电力安全工作规程（配电部分）（试行）》规定，经常有人工作的场所及施工车辆上宜配备急救箱，存放__________，并应指定专人经常检查、补充或更换。

答案：急救用品

15.《国家电网公司电力安全工作规程（配电部分）（试行）》规定，地下配电站过道和楼梯处，应设__________和应急照明等。

答案：逃生指示

16.《国家电网公司电力安全工作规程（配电部分）（试行）》规定，装有SF_6设备的配电站，应装设强力通风装置，风口应设置在__________，其电源开关应装设在门外。

答案：室内底部

17.《国家电网公司电力安全工作规程（配电部分）（试行）》规定，配电站、开闭所户内高压配电设备的裸露导电部分对地高度小于__________m时，该裸露部分底部和两侧应装设护网。

答案：2.5

18.《国家电网公司电力安全工作规程（配电部分）（试行）》规定，配电站、开闭所户外10kV高压配电线路、设备所在场所的行车通道上，车辆（包括装载物）外廓至无遮栏带电部分之间的安全距离为__________m。

答案：0.95

19.《国家电网公司电力安全工作规程（配电部分）（试行）》规定，配电站、开闭所户外20kV高压配电线路、设备所在场所的行车通道上，车辆（包括装载物）外廓至无遮栏带电部分之间的安全距离为__________m。

答案：1.05

20.《国家电网公司电力安全工作规程（配电部分）（试行）》规定，凡装有攀登装置的杆、塔，攀登装置上应设置__________标示牌。

答案："禁止攀登，高压危险！"

21.《国家电网公司电力安全工作规程（配电部分）（试行）》规定，检修作业临时遮栏应由上、下两道横杆及栏杆柱组成。上杆离地高度为__________mm，下杆离地高度为500～600mm，并在栏杆下边设置严密固定的高度不低于180mm的挡脚板。

答案：1050～1200

22.《国家电网公司电力安全工作规程（配电部分）（试行）》规定，开工前，工作负责人或工作票签发人应重新核对现场勘察情况，发现与原勘察情况有变化时，应及时修正、完善相应的__________。

答案：安全措施

23.《国家电网公司电力安全工作规程（配电部分）（试行）》规定，配电工作，需要将高压线路、设备停电或做安全措施者，应填用__________。

答案：配电第一种工作票

24.《国家电网公司电力安全工作规程（配电部分）（试行）》规定，10kV及以下高压线路、设备不停电时的安全距离为__________m。

答案：0.7

25.《国家电网公司电力安全工作规程（配电部分）（试行）》规定，非连续进行的故障修复工作，应使用__________。

答案：工作票

26.《国家电网公司电力安全工作规程（配电部分）（试行）》规定，工作票票面上若有个别__________、__________需要修改、补充时，应使用规范的符号，字迹应清楚。

答案：错　漏字

27.《国家电网公司电力安全工作规程（配电部分）（试行）》规定，由工作班组现场操作时，若不填用操作票，应将设备的双重名称、__________、__________、__________及操作内容等按操作顺序填写在工作票上。

答案：线路的名称　杆号　位置

28.《国家电网公司电力安全工作规程（配电部分）（试行）》规定，配电工作票由设备运维管理单位签发，也可由经设备运维管理单位审核合格且经批准的__________签发。

答案：检修（施工）单位

29.《国家电网公司电力安全工作规程（配电部分）（试行）》规定，供电单位或施工单位到用户工程或设备上检修（施工）时，工作票应由有权签发的__________、__________签发。

答案：用户单位　施工单位或供电单位

30.《国家电网公司电力安全工作规程（配电部分）（试行）》规定，同一电压等级、同类型、相同安全措施且依次进行的__________或__________上的不停电工作，可使用一张配电第二种工作票。

答案：不同配电线路　不同工作地点

31.《国家电网公司电力安全工作规程（配电部分）（试行）》规定，配电带电作业工作票，对__________、__________、__________且依次进行的数条线路上的带电作业，可使用一张配电带电作业工作票。

答案：同一电压等级　　同类型　　相同安全措施

32.《国家电网公司电力安全工作规程（配电部分）（试行）》规定，工作许可时，工作票一份由工作负责人收执，其余留存于__________或__________处。

答案：工作票签发人　　工作许可人

33.《国家电网公司电力安全工作规程（配电部分）（试行）》规定，工作期间，工作票应始终保留在__________手中。

答案：工作负责人

34.《国家电网公司电力安全工作规程（配电部分）（试行）》规定，若一张工作票下设多个小组工作，工作负责人应指定每个小组的小组负责人（监护人），并使用__________。

答案：工作任务单

35.《国家电网公司电力安全工作规程（配电部分）（试行）》规定，工作任务单由__________许可，一份由工作负责人留存，一份交小组负责人。

答案：工作负责人

36.《国家电网公司电力安全工作规程（配电部分）（试行）》规定，一回线路检修（施工），邻近或交叉的其他电力线路需配合停电和接地时，应在工作票中列入__________。

答案：相应的安全措施

37.《国家电网公司电力安全工作规程（配电部分）（试行）》规定，一回线路检修（施工），若配合停电线路属于其他单位，应由__________单位事先书面申请，经配合停电线路的运维管理单位同意并实施停电、验电、接地。

答案：检修（施工）

38.《国家电网公司电力安全工作规程（配电部分）（试行）》规定，需要进入变电站或发电厂升压站进行架空线路、电缆等工作时，应增加工作票份数（按许可单位确定数量），分别经__________许可，并留存。

答案：变电站或发电厂等设备运维管理单位的工作许可人

39.《国家电网公司电力安全工作规程（配电部分）（试行）》规定，专责监护人应由具有相关专业工作经验，熟悉工作范围内的__________情况和本规程的人员担任。

答案：设备

40.《国家电网公司电力安全工作规程（配电部分）（试行）》规定，专责监护人的安全责任包含明确被监护人员和__________。

答案：监护范围

41.《国家电网公司电力安全工作规程（配电部分）（试行）》规定，带电作业需要停用重合闸（含已处于停用状态的重合闸），应向__________申请并履行工作许可手续。

答案：调控人员

二、不定项选择题

1.《国家电网公司电力安全工作规程（配电部分）（试行）》规定，风力大于（　　）级，或湿度大于80%时，不宜带电作业。

A.3　　B.4

C.6　　D.5

答案：D

2.《国家电网公司电力安全工作规程（配电部分）（试行）》规定，作业区域带电体、绝缘子等应采取相间、相对地的绝缘隔离（遮蔽）措施。禁止同时接触两个非连通的带电体或同时接触带电体与（　　）。

A.导电体　　B.工器具

C.接地体　　D.绝缘子

答案：C

3.《国家电网公司电力安全工作规程（配电部分）（试行）》规定，直接接触设备的电气测量，应（　　）。

A.专人操作　　B.有人监护

C.两人进行　　D.单独进行

答案：B

4.《国家电网公司电力安全工作规程（配电部分）（试行）》规定，现场勘察工作，对涉及（　　）的作业项目，应由项目主管部门、单位组织相关人员共同参与。

A.多专业、多部门　　B.多专业、多部门、多单位

C.多部门、多单位　　D.多专业、多单位

答案：B

5.《国家电网公司电力安全工作规程（配电部分）（试行）》规定，施工机具应有专用库房存放，库房要保持（　　），经常（　　）。

A.干净，整齐　　B.干燥，通风

C.整洁，通风　　D.湿润，整洁

答案：B

6.《国家电网公司电力安全工作规程（配电部分）（试行）》规定，配电变压器柜的（　　）应有防误入带电间隔的措施，新设备应安装防误入带电间隔闭锁装置。

A.后盖　　B.操作把手

C.柜门　　D.柜体

答案：C

7.《国家电网公司电力安全工作规程（配电部分）（试行）》规定，带电、停电配合作业的项目，当带电、停电作业工序转换时，双方工作负责人应进行（　　），确认无误后，方可开始工作。

A.签字确认　　B.安全技术交接

C.口头交代　　D.任务交接

答案：B

8.《国家电网公司电力安全工作规程（配电部分）（试行）》规定，电动工具应做到（　　）。

A.一机一闸一保护　　B.一机两闸一保护

C.一机一闸一线路　　D.一机一闸

答案：A

9.《国家电网公司电力安全工作规程（配电部分）（试行）》规定，电流互感器和电压互感器的二次绕组应有（　　）永久性的、可靠的保护接地。

A.多点　　B.至少一点

C.一点且仅有一点　　D.两点

答案：C

10.《国家电网公司电力安全工作规程（配电部分）（试行）》规定，烧伤急救时，强酸或碱灼伤应迅速脱去被溅染衣物，现场立即用大量清水彻底冲洗，要彻底，然后用适当的药物给予中和；冲洗时间不少于（　　）min。

A.5　　B.10

C.15　　D.20

答案：B

11.《国家电网公司电力安全工作规程（配电部分）（试行）》规定，工作前，工作负责人对工作班成员进行（　　），并确认每个工作班成员都已签名。

A.现场电气设备接线情况告知　　B.安全措施交底

C.危险点告知　　D.工作任务交底

答案：BCD

12.《国家电网公司电力安全工作规程（配电部分）（试行）》规定，带电作业工具应（　　），并按厂家使用说明书、现场操作规程正确使用。

A.表面光滑　　B.绝缘良好

C.连接牢固　　D.转动灵活

答案：BCD

13.《国家电网公司电力安全工作规程（配电部分）（试行）》规定，计量、负控装置工作时，应有防止（　　），电弧灼伤的措施。

A.电压互感器二次侧短路　　B.相间短路

C.电流互感器二次侧开路　　D.相对地短路

答案：ABCD

14.《国家电网公司电力安全工作规程（配电部分）（试行）》规定，工作票票面上的（　　）等关键字不得涂改。

A.时间、工作地点　　B.线路名称

C.设备双重名称　　D.动词

答案：ABCD

15.《国家电网公司电力安全工作规程（配电部分）（试行）》规定，装设同杆（塔）

塔架设的多层电力线路接地线，应（　　）。

A.先装设高压、后装设低压　　B.先装设低压、后装设高压

C.先装设近侧、后装设远侧　　D.先装设下层、后装设上层

答案：BCD

16.《国家电网公司电力安全工作规程（配电部分）（试行）》规定，工作地点，应停电的线路和设备中，包含危及线路停电作业安全，且不能采取相应安全措施的（　　）线路。

A.同杆（塔）架设　　B.交叉跨越

C.平行线路　　D.通信线路

答案：ABC

17.《国家电网公司电力安全工作规程（配电部分）（试行）》规定，为加强配电作业现场管理，规范各类工作人员的行为，保证（　　）安全，依据国家有关法律、法规，结合配电作业实际，制定本规程。

A.电网　　B.实施

C.人身　　D.设备

答案：ACD

18.《国家电网公司电力安全工作规程（配电部分）（试行）》规定，遇有（　　）或导地线、拉线松动的杆塔，登杆前应先培土加固、打好临时接线或支好架杆。

A.冲刷　　B.起土

C.上拔　　D.下沉

答案：ABC

19.《国家电网公司电力安全工作规程（配电部分）（试行）》规定，工作票签发人、工作负责人对有（　　）的工作，应增设专责监护人，并确定其监护的人员和范围。

A.检修（施工）复杂容易发生事故　　B.很大量

C.涂写杆号　　D.触电危险

答案：AD

20.《国家电网公司电力安全工作规程（配电部分）（试行）》规定，在使用电动工具的工作中，（　　）应立即切断电源。

A.换人工作时　　B.暂时停止工作

C.遇到临时停电　　D.因故离开工作场所

答案：BCD

21.《国家电网公司电力安全工作规程（配电部分）（试行）》规定，在试验和推广（　　）的同时，应制定相应的安全措施，经本单位批准后执行。

A.新材料　　B.新技术

C.新设备　　D.新工艺

答案：ABCD

22.《国家电网公司电力安全工作规程（配电部分）（试行）》规定，在配电线路和设

备上工作，以下为保证安全的组织措施的有（　　）。

A.工作间断、转移制度　　B.恢复送电制度

C.工作终结制度　　D.现场勘察制度

答案：ACD

23.《国家电网公司电力安全工作规程（配电部分）（试行）》规定，（　　）情况下禁止动火，遇有火险异常情况未查明原因和消除前。

A.压力容器或管道未泄压前

B.存放易燃、易爆物品的容器未清洗干净前或未进行有效置换前

C.风力达5级以上的露天作业

D.喷漆现场

答案：ABCD

24.《国家电网公司电力安全工作规程（配电部分）（试行）》规定，高处作业时，梯子的支柱应能承受攀登时（　　）的总重量。

A.所携带的工具　　B.材料

C.设备　　D.作业人员

答案：ABD

25.《国家电网公司电力安全工作规程（配电部分）（试行）》规定，脱离电源后，触电伤员如意识丧失，应在开放气道后10s内用（　　）的方法判定伤员有无呼吸。

A.叫　　B.看　　C.听　　D.试

答案：BCD

26.《国家电网公司电力安全工作规程（配电部分）（试行）》规定，心肺复苏术操作是否正确，主要靠平时严格训练，掌握正确的方法。而在急救中判断复苏是否有效，可以根据以下（　　）、出现自主呼吸几方面综合考虑。

A.瞳孔　　B.面色（口唇）

C.颈动脉搏动　　D.神志

答案：ABCD

27.《国家电网公司电力安全工作规程（配电部分）（试行）》规定，骨折急救时，肢体骨折可用（　　）等将断骨上、下方两个关节固定，也可利用伤员身体进行固定，避免骨折部位移动，以减少疼痛，防止伤势恶化。

A.夹板　　B.木棍

C.废纸板　　D.竹竿

答案：ABD

三、判断题

1.《国家电网公司电力安全工作规程（配电部分）（试行）》规定，承、发包工程，工作票可实行“双签发”。签发工作票时，双方工作票签发人在工作票上分别签名，各自承担相应的安全责任。（　　）

答案：√

2.《国家电网公司电力安全工作规程（配电部分）（试行）》规定，配电线路、设备停电时，对不能直接在地面操作的断路器（开关）、隔离开关（刀闸）的操动机构应加锁。（　　）

答案：×

3.《国家电网公司电力安全工作规程（配电部分）（试行）》规定，人体应与带电设备保持安全距离，并注意防止绝缘杆被人体或设备短接，以保持有效的绝缘长度。（　　）

答案：√

4.《国家电网公司电力安全工作规程（配电部分）（试行）》规定，成套接地线宜存放在专用架上，架上的编号与接地线的编号应一致。（　　）

答案：√

5.《国家电网公司电力安全工作规程（配电部分）（试行）》规定，大风天气巡线，应沿线路上风侧前进，以免触及断落的导线。事故巡视应始终认为线路带电，保持安全距离。夜间巡线，应沿线路内侧进行。（　　）

答案：×

6.《国家电网公司电力安全工作规程（配电部分）（试行）》规定，雷电时，禁止无照明灯具巡线。（　　）

答案：×

7.《国家电网公司电力安全工作规程（配电部分）（试行）》规定，地震、台风、洪水、泥石流等灾害发生时，巡视人员与派出部门之间应保持通信联络。（　　）

答案：×

8.《国家电网公司电力安全工作规程（配电部分）（试行）》规定，操作票应用黑色或蓝色的钢（水）笔或圆珠笔逐项填写。操作票票面上的时间、地点、线路名称、杆号（位置）、设备双重名称、动词等关键字，若有个别错、漏字需要修改、补充时，应使用规范的符号，字迹应清楚。（　　）

答案：×

9.《国家电网公司电力安全工作规程（配电部分）（试行）》规定，任何人不得解除闭锁装置。（　　）

答案：×

10.《国家电网公司电力安全工作规程（配电部分）（试行）》规定，线路双重称号指线路名称和编号。（　　）

答案：×

11.《国家电网公司电力安全工作规程（配电部分）（试行）》规定，同杆（塔）架设多回线路中部分线路停电的工作，工作负责人在接受许可开始工作的命令前，应与工作许可人核对停电线路名称无误后，方可宣布开始工作。（　　）

答案：×

12.《国家电网公司电力安全工作规程（配电部分）（试行）》规定，在有同杆（塔）架设的10（20）kV及以下线路带电情况下，应做好安全措施后再进行另一回线路的停电

施工作业。(　　)

答案：×

13.《国家电网公司电力安全工作规程（配电部分）（试行）》规定，在跨越处上方或邻近有电线路或其他弱电线路的档内进行带电架、拆线的工作，应制定可靠的安全技术措施，经本单位批准后，方可进行。(　　)

答案：×

14.《国家电网公司电力安全工作规程（配电部分）（试行）》规定，绝缘斗臂车应选择适当的工作位置，支撑应稳固可靠；机身倾斜度不得超过有关技术规定，必要时应有防倾覆措施。(　　)

答案：×

15.《国家电网公司电力安全工作规程（配电部分）（试行）》规定，核相工作应填用配电第二种工作票或操作票。(　　)

答案：√

16.《国家电网公司电力安全工作规程（配电部分）（试行）》规定，机械驱动时必须使用纤维绳。(　　)

答案：×

17.《国家电网公司电力安全工作规程（配电部分）（试行）》规定，雷雨时，应停止室内起重作业。(　　)

答案：×

18.《国家电网公司电力安全工作规程（配电部分）（试行）》规定，触电者神志不清，判断意识无，有心跳，但呼吸停止或极微弱时，应立即用仰头抬颏法，使气道开放，并对触电者施行心脏按压。(　　)

答案：×

四、简答题

1.《国家电网公司电力安全工作规程（配电部分）（试行）》规定，对工作许可人规定的安全责任有哪些?

答案：(1）审票时，确认工作票所列安全措施是否正确完备。对工作票所列内容产生疑问时，应向工作票签发人询问清楚，必要时予以补充。

(2）保证由其负责的停、送电和许可工作的命令正确。

(3）确认由其负责的安全措施正确实施。

2.《国家电网公司电力安全工作规程（配电部分）（试行）》规定，如何通过间接验电判断设备已无电压?

答案：对无法直接验电的设备，应间接验电，即通过设备的机械位置指示、电气指示、带电显示装置、仪表及各种遥测、遥信等信号的变化来判断。判断时，至少应有两个非同样原理或非同源的指示发生对应变化，且所有这些确定的指示均已同时发生对应变化，方可确认该设备已无电压。

3.《国家电网公司电力安全工作规程（配电部分）（试行）》规定，当验明检修的低压配电线路、设备确已无电压后，至少应采取哪些措施防止反送电？

答案：（1）所有相线和中性线接地并短路。

（2）绝缘遮蔽。

（3）在断开点加锁、悬挂“禁止合闸，有人工作！”或“禁止合闸，线路有人工作！”的标示牌。

4.《国家电网公司电力安全工作规程（配电部分）（试行）》规定，大风天气巡线应注意什么？

答案：大风天气巡线，应沿线路上风侧前进，以免触及断落的导线。事故巡视应始终认为线路带电，保持安全距离。夜间巡线，应沿线路外侧进行。巡线时禁止泅渡。

5.《国家电网公司电力安全工作规程（配电部分）（试行）》规定，配电巡视人员在巡视中发现高压配电线路、设备接地或高压导线、电缆断落地面、悬挂空中时，应如何处置？

答案：巡视中发现高压配电线路、设备接地或高压导线、电缆断落地面、悬挂空中时，室内人员应距离故障点4m以外，室外人员应距离故障点8m以外；并迅速报告调度控制中心和上级，等候处理。处理前应防止人员接近接地或断线地点，以免跨步电压伤人。进入上述范围人员应穿绝缘靴，接触设备的金属外壳时，应戴绝缘手套。

6.《国家电网公司电力安全工作规程（配电部分）（试行）》规定，脱离电源后，触电伤员如意识丧失，应在开放气道后10s内用哪些方法判定伤员有无呼吸？

答案：触电伤员如意识丧失，应在开放气道后10s内用看、听、试的方法判定伤员有无呼吸。

（1）看：看伤员的胸、腹壁有无呼吸起伏动作。

（2）听：用耳贴近伤员的口鼻处，听有无呼气声音。

（3）试：用颜面部的感觉测试口鼻部有无呼气气流。

7.《国家电网公司电力安全工作规程（配电部分）（试行）》规定，创伤急救的原则是什么？

答案：创伤急救原则上是先抢救、后固定、再搬运，并注意采取措施，防止伤情加重或污染。需要送医院救治的，应立即做好保护伤员措施后送医院救治。

8.《国家电网公司电力安全工作规程（配电部分）（试行）》规定，可以不用操作票的操作项目有哪些？

答案：（1）事故紧急处理。

（2）拉合断路器（开关）的单一操作。

（3）程序操作。

（4）低压操作。

（5）工作班组的现场操作。

第二节　国家电网有限公司电力安全工作规程　变电部分

一、填空题

1. Q/GDW 1799.1—2013《国家电网公司电力安全工作规程（变电部分）》规定，动火执行人、监护人同时离开作业现场，间断时间超过__________min，继续动火前，动火执行人、监护人应重新确认安全条件。

答案：30

2. Q/GDW 1799.1—2013《国家电网公司电力安全工作规程（变电部分）》规定，直流保护装置、通道和控制系统的工作，需要将高压直流系统停用者应填用__________工作票。

答案：第一种

3. Q/GDW 1799.1—2013《国家电网公司电力安全工作规程（变电部分）》规定，继电保护、安全自动装置及自动化监控系统做传动试验或一次通电或进行直流输电系统功能试验时，应通知运维人员和有关人员，并由__________或由他指派专人到现场监视，方可进行。

答案：工作负责人

4. Q/GDW 1799.1—2013《国家电网公司电力安全工作规程（变电部分）》规定，在继电保护、安全自动装置及自动化监控系统屏间的通道上搬运试验设备时，不能阻塞通道，要与__________保持一定距离，防止事故处理时通道不畅，防止误碰运行设备，造成相关运行设备继电保护误动作。

答案：运行设备

5. Q/GDW 1799.1—2013《国家电网公司电力安全工作规程（变电部分）》规定，链条葫芦（起重用）的检查周期是__________，试验周期是__________。

答案：1个月　　1年

6. Q/GDW 1799.1—2013《国家电网公司电力安全工作规程（变电部分）》规定，电气设备倒闸操作时，发令人和受令人应先互报单位和姓名，发布指令的全过程（包括对方复诵指令）和听取指令的报告时应__________。

答案：录音并做好记录

7. Q/GDW 1799.1—2013《国家电网公司电力安全工作规程（变电部分）》规定，绝缘斗臂车绝缘臂的有效绝缘长度，110kV应大于__________m，且应在下端装设泄漏电流监视装置。

答案：2

8. Q/GDW 1799.1—2013《国家电网公司电力安全工作规程（变电部分）》规定，阀厅内高压穿墙套管试验加压前应通知阀厅外侧换流变压器上试验无关人员撤离，确认其余绕组均已__________，并派专人监护。

答案：可靠接地

9. Q/GDW 1799.1—2013《国家电网公司电力安全工作规程（变电部分）》规定，工作票由__________签发，也可由经设备运行管理单位审核且经批准的修试及基建单位签发。

答案：设备运维管理单位

10. Q/GDW 1799.1—2013《国家电网公司电力安全工作规程（变电部分）》规定，线路的停、送电均应按照__________或线路工作许可人的指令执行，严禁约时停、送电。

答案：值班调控人员

11. Q/GDW 1799.1—2013《国家电网公司电力安全工作规程（变电部分）》规定，工作许可人在完成施工现场的安全措施后，还应对工作负责人指明__________和__________。

答案：带电设备的位置　　注意事项

12. Q/GDW 1799.1—2013《国家电网公司电力安全工作规程（变电部分）》规定，电流表、电流互感器及其他测量仪表的接线和拆卸，需要断开__________者，应将此回路所连接的设备和仪器全部停电后，方能进行。

答案：高压回路

13. Q/GDW 1799.1—2013《国家电网公司电力安全工作规程（变电部分）》规定，短时间退出防误闭锁装置时，应经__________或发电厂当值班长批准，并应按程序尽快投入。

答案：变电运维班（站）长

14. Q/GDW 1799.1—2013《国家电网公司电力安全工作规程（变电部分）》规定，带电更换绝缘子或在绝缘子串上作业，应保证作业中良好绝缘子片数不少于：220kV__________片。

答案：9

15. Q/GDW 1799.1—2013《国家电网公司电力安全工作规程（变电部分）》规定，高压设备发生接地时，室外人员距应离故障点__________m以外。

答案：8

16. Q/GDW 1799.1—2013《国家电网公司电力安全工作规程（变电部分）》规定，等电位带电作业一般在__________、__________及以上电压等级的电力线路和电气设备上进行。

答案：66kV　　±125kV

17. Q/GDW 1799.1—2013《国家电网公司电力安全工作规程（变电部分）》规定，遇有电气设备着火时，应立即将有关设备的__________，然后进行救火。

答案：电源切断

18. Q/GDW 1799.1—2013《国家电网公司电力安全工作规程（变电部分）》规定，现场使用的安全工器具应__________并符合有关要求。

答案：合格

19. Q/GDW 1799.1—2013《国家电网公司电力安全工作规程（变电部分）》规定，等电位作业人员在绝缘梯上作业或者沿绝缘梯进入强电场时，其与接地体和带电体两部分间隙所组成的组合间隙不准小于：220kV__________m。

答案：2.1

20. Q/GDW 1799.1—2013《国家电网公司电力安全工作规程（变电部分）》规定，防误闭锁装置不得随意退出运行，停用防误操作闭锁装置应经__________批准。

答案：设备运维管理单位

21. Q/GDW 1799.1—2013《国家电网公司电力安全工作规程（变电部分）》规定，在220kV线路杆塔上带电作业时，为了防止感应电压，工作人员宜穿__________。

答案：导电鞋

22. Q/GDW 1799.1—2013《国家电网公司电力安全工作规程（变电部分）》规定，装有SF_6设备的配电装置室和SF_6气体实验室，应装设强力通风装置，风口应设置在室内底部，排风口不应朝向__________或__________。

答案：居民住宅　　行人

23. Q/GDW 1799.1—2013《国家电网公司电力安全工作规程（变电部分）》规定，作业人员工作中正常活动范围与220kV设备带电部分的安全距离小于__________m时，设备应停电。

答案：3

24. Q/GDW 1799.1—2013《国家电网公司电力安全工作规程（变电部分）》规定，高压设备上工作需要全部停电或部分停电者应填用__________工作票。

答案：第一种

25. Q/GDW 1799.1—2013《国家电网公司电力安全工作规程（变电部分）》规定，用绝缘棒拉合隔离开关（刀闸）、高压熔断器或经传动机构拉合断路器（开关）和隔离开关（刀闸），均应__________。

答案：戴绝缘手套

26. Q/GDW 1799.1—2013《国家电网公司电力安全工作规程（变电部分）》规定，高压电力电缆需停电的工作，应填用__________工作票。

答案：第一种

27. Q/GDW 1799.1—2013《国家电网公司电力安全工作规程（变电部分）》规定，风力大于5级，或湿度大于__________时一般不宜进行带电作业。

答案：0.8

二、不定项选择题

1. Q/GDW 1799.1—2013《国家电网公司电力安全工作规程（变电部分）》规定，工作票一份应保存在工作地点，由（　　）收执；另一份由工作许可人收执，按值移交。

A.工作票签发人　　B.工作负责人

C.专责监护人　　D.变电运维负责人

答案：B

2. Q/GDW 1799.1—2013《国家电网公司电力安全工作规程（变电部分）》规定，配电带电作业时，作业区域带电导线、绝缘子等应采取相间、相对地的绝缘隔离措施，绝缘隔离措施的范围应比作业人员活动范围增加（　　）m以上。

A.0.3　　B.0.4

C.0.1　　D.0.2

答案：B

3. Q/GDW 1799.1—2013《国家电网公司电力安全工作规程（变电部分）》规定，工作票许可后，工作负责人、工作许可人任何一方不得擅自变更（　　），工作中如有特殊情况需要变更时，应先取得对方的同意并及时恢复。

A.检修方案　　B.组织措施

C.事故紧急处理措施　　D.安全措施

答案：D

4. Q/GDW 1799.1—2013《国家电网公司电力安全工作规程（变电部分）》规定，作业现场的生产条件和安全设施等应符合有关标准、规范的要求，工作人员的（　　）应合格、齐备。

A.装备　　B.劳动防护用品

C.安全工器具　　D.施工机具

答案：B

5. Q/GDW 1799.1—2013《国家电网公司电力安全工作规程（变电部分）》规定，作业人员经医师鉴定，（　　）病症（体格检查每两年至少一次）。

A.无不能治愈的　　B.无容易传染的

C.无慢性的　　D.无妨碍工作的

答案：D

6. Q/GDW 1799.1—2013《国家电网公司电力安全工作规程（变电部分）》规定，在户外变电站和高压室内搬动梯子、管子等长物，应（　　）搬运，并于带电部分保持足够的安全距离。

A.1人　　B.2人直立

C.2人　　D.2人放倒

答案：D

7. Q/GDW 1799.1—2013《国家电网公司电力安全工作规程（变电部分）》规定，需要变更工作班成员时，应经工作负责人同意，在对新的作业人员进行（　　）后，方可进行工作。

A.安规考试　　B.安全交底手续

C.口头许可　　D.安全知识培训

答案：B

8. Q/GDW 1799.1—2013《国家电网公司电力安全工作规程（变电部分）》规定，触电急救，胸外心脏按压频率应保持在（　　）次/min。

A.60　　B.120

C.100　　D.80

答案：C

9. Q/GDW 1799.1—2013《国家电网公司电力安全工作规程（变电部分）》规定，在一经合闸即可送电到工作地点的断路器（开关）和隔离开关（刀闸）的操作把手上，均应悬挂（　　）的标示牌。

A.“禁止合闸，线路有人工作！”　　B.“禁止合闸，有人工作！”

C.“禁止攀登，高压危险！”

D.“禁止分闸”

答案：B

10. Q/GDW 1799.1—2013《国家电网公司电力安全工作规程（变电部分）》规定，各类作业人员应接受相应的安全生产教育和岗位技能培训，经（　　）上岗。

A.考试合格

B.师傅带领

C.领导批准

D.现场实习

答案：A

11. Q/GDW 1799.1—2013《国家电网公司电力安全工作规程（变电部分）》规定，在高压设备上工作，应至少由（　　）人进行，并完成保证安全的组织措施和技术措施。

A.2

B.1

C.4

D.3

答案：A

12. Q/GDW 1799.1—2013《国家电网公司电力安全工作规程（变电部分）》规定，承发包工程中，工作票可实行“双签发”形式。签发工作票时，双方（　　）在工作票上分别签名，各自承担本规程工作票签发人相应的安全责任。

A.项目负责人

B.工作票签发人

C.专责监护人

D.工作负责人

答案：B

13. Q/GDW 1799.1—2013《国家电网公司电力安全工作规程（变电部分）》规定，对于因平行或邻近带电设备导致检修设备可能产生感应电压时，应加装（　　）。

A.标示牌

B.围栏

C.隔离挡板

D.工作接地线或使用个人保安线

答案：D

14. Q/GDW 1799.1—2013《国家电网公司电力安全工作规程（变电部分）》规定，在没有脚手架或者在没有栏杆的脚手架上工作，高度超过（　　）m时，应使用安全带，或采取其他可靠的安全措施。

A.1.5

B.1.2

C.1.0

D.0.8

答案：A

15. Q/GDW 1799.1—2013《国家电网公司电力安全工作规程（变电部分）》规定，高压设备发生接地时，室内人员应距离故障点（　　）m以外。

A.4

B.3

C.1

D.2

答案：A

16. Q/GDW 1799.1—2013《国家电网公司电力安全工作规程（变电部分）》规定，凡在坠落高度基准面（　　）m及以上的高处进行的作业，都应视为高处作业。

A.0.7　B.1.0　C.1.5　D.2.0

答案：D

17. Q/GDW 1799.1—2013《国家电网公司电力安全工作规程（变电部分）》规定，各类作业人员应被告知其作业现场和工作岗位存在的危险因素、防范措施及（　　）。

A. 应急预案　　B. 紧急救护措施

C. 事故紧急处理措施　　D. 逃生方法

答案：C

18. Q/GDW 1799.1—2013《国家电网公司电力安全工作规程（变电部分）》规定，在试验和推广新技术、新工艺、新设备、新材料的同时，应制定相应的（　　），经本单位批准后执行。

A. 反事故措施　　B. 技术措施

C. 组织措施　　D. 安全措施

答案：D

19. Q/GDW 1799.1—2013《国家电网公司电力安全工作规程（变电部分）》规定，作业人员应具备必要的（　　），学会紧急救护法，特别要学会触电急救。

A. 实践经验　　B. 安全生产知识

C. 生产知识　　D. 理论知识

答案：B

20. Q/GDW 1799.1—2013《国家电网公司电力安全工作规程（变电部分）》规定，触电急救，脱离电源就是要把触电者接触的一部分带电设备的（　　）断路器（开关）、隔离开关（刀闸）或其他断路设备断开；或设法将触电者与带电设备脱离开。

A. 高压　　B. 有关

C. 所有　　D. 低压

答案：C

21. Q/GDW 1799.1—2013《国家电网公司电力安全工作规程（变电部分）》规定，紧急救护时，发现伤员意识不清、瞳孔扩大无反应，呼吸、心跳停止时，应立即现场就地抢救，用（　　）支持呼吸和循环，对脑、心重要脏器供氧。

A. 心脏按压法　　B. 口对鼻呼吸法

C. 口对口呼吸法　　D. 心肺复苏法

答案：D

22. Q/GDW 1799.1—2013《国家电网公司电力安全工作规程（变电部分）》规定，一张工作票中，（　　）不得互相兼任。

A. 工作票签发人与工作许可人　　B. 工作票签发人与工作负责人

C. 工作票签发人、工作负责人、工作许可人　　D. 工作许可人与工作负责人

答案：D

23. Q/GDW 1799.1—2013《国家电网公司电力安全工作规程（变电部分）》规定，在室内高压设备上工作，应在工作地点两旁及对面运行设备间隔的遮栏（围栏）上和禁止通行的过道遮栏（围栏）上悬挂（　　）的标示牌。

A. “止步，高压危险！”　　B. “禁止合闸！”

C. “从此进出！”　　D. “在此工作！”

答案：A

24. Q/GDW 1799.1—2013《国家电网公司电力安全工作规程（变电部分）》规定，以下属于工作负责人（监护人）的安全责任是（　　）。

A.确认工作必要性

B.正确组织工作

C.工作前，对工作班成员进行工作任务、安全措施、技术措施交底和危险点告知，并确认每个工作班成员都已签名

D.检查工作票所列安全措施是否正确完备，是否符合现场实际条件，必要时予以补充完善

答案：BCD

25. Q/GDW 1799.1—2013《国家电网公司电力安全工作规程（变电部分）》规定，作业人员应具备必要的（　　），且按工作性质，熟悉本规程的相关部分，并经考试合格。

A.电气知识　　　B.业务技能

C.实践经验　　　D.理论知识

答案：AB

26. Q/GDW 1799.1—2013《国家电网公司电力安全工作规程（变电部分）》规定，设备不停电时的安全距离，以下正确的是（　　）。

A.35kV，0.90m　　　B.10kV，0.70m

C.110kV，1.50m　　　D.330kV，4.00m

答案：BCD

27. Q/GDW 1799.1—2013《国家电网公司电力安全工作规程（变电部分）》规定，各类作业人员有权拒绝（　　）

A.带电工作　　　B.违章指挥

C.加班工作　　　D.强令冒险作业

答案：BD

三、判断题

1. Q/GDW 1799.1—2013《国家电网公司电力安全工作规程（变电部分）》规定，用户变、配电站的工作许可人应是持有效证书的高压电气工作人员。（　　）

答案：√

2. Q/GDW 1799.1—2013《国家电网公司电力安全工作规程（变电部分）》规定，全站停电可不使用工作票。（　　）

答案：×

3. Q/GDW 1799.1—2013《国家电网公司电力安全工作规程（变电部分）》规定，工作负责人应提前知晓工作票内容，并做好工作准备。（　　）

答案：√

4. Q/GDW 1799.1—2013《国家电网公司电力安全工作规程（变电部分）》规定，每份

操作票只能用于一个操作任务。（　　）

答案：√

5. Q/GDW 1799.1—2013《国家电网公司电力安全工作规程（变电部分）》规定，配电线路、设备停电时，对不能直接在地面操作的断路器（开关）、隔离开关（刀闸）的操动机构应加锁。（　　）

答案：×

6. Q/GDW 1799.1—2013《国家电网公司电力安全工作规程（变电部分）》规定，凡在坠落高度基准面1.5m及以上的高处进行的作业，都应视作高处作业。（　　）

答案：×

7. Q/GDW 1799.1—2013《国家电网公司电力安全工作规程（变电部分）》规定，人体应与带电设备保持安全距离，并注意防止绝缘杆被人体或设备短接，以保持有效的绝缘长度。（　　）

答案：√

8. Q/GDW 1799.1—2013《国家电网公司电力安全工作规程（变电部分）》规定，成套接地线宜存放在专用架上，架上的编号与接地线的编号应一致。（　　）

答案：√

9. Q/GDW 1799.1—2013《国家电网公司电力安全工作规程（变电部分）》规定，巡视室内设备，应随手关门。（　　）

答案：√

10. Q/GDW 1799.1—2013《国家电网公司电力安全工作规程（变电部分）》规定，专责监护人临时离开时，应指定一名工作人员担任临时监护人。（　　）

答案：×

11. Q/GDW 1799.1—2013《国家电网公司电力安全工作规程（变电部分）》规定，工作期间，工作负责人若因故暂时离开工作现场，应指定能胜任的人员临时代替，离开前应将工作现场交待清楚，并告知工作许可人。（　　）

答案：×

12. Q/GDW 1799.1—2013《国家电网公司电力安全工作规程（变电部分）》规定，一个工作负责人可以同时执行多张工作票，工作票上所列的工作地点，以一个电气连接部分为限。（　　）

答案：×

13. Q/GDW 1799.1—2013《国家电网公司电力安全工作规程（变电部分）》规定，人在梯子上时，禁止移动梯子。（　　）

答案：√

14. Q/GDW 1799.1—2013《国家电网公司电力安全工作规程（变电部分）》规定，工作票有破损不能继续使用时，应补新的工作票。补填的工作票不需再次履行签发许可手续。（　　）

答案：×

15. Q/GDW 1799.1—2013《国家电网公司电力安全工作规程（变电部分）》规定，梯

子可绑接使用。人字梯应有限制开度的措施。(　　)

答案：×

16. Q/GDW 1799.1—2013《国家电网公司电力安全工作规程（变电部分）》规定，高处作业应一律使用工具袋。(　　)

答案：√

17. Q/GDW 1799.1—2013《国家电网公司电力安全工作规程（变电部分）》规定，新参加电气工作的人员、实习人员和临时参加劳动的人员（管理人员、非全日制用工等），应经过安全知识教育后，方可到现场单独工作。(　　)

答案：×

18. Q/GDW 1799.1—2013《国家电网公司电力安全工作规程（变电部分）》规定，在使用电气工具工作中，因故离开工作场所或暂时停止工作及遇到临时停电时，应使电源状态保持不变。(　　)

答案：×

19. Q/GDW 1799.1—2013《国家电网公司电力安全工作规程（变电部分）》规定，配电带电作业，禁止同时拆除带电导线和地电位的绝缘隔离措施；禁止同时接触两个非连通的带电导体或带电导体与接地导体。(　　)

答案：√

20. Q/GDW 1799.1—2013《国家电网公司电力安全工作规程（变电部分）》规定，总工作票应在分工作票许可后才可许可。总工作票必须在所有分工作票终结后才可终结。(　　)

答案：×

21. Q/GDW 1799.1—2013《国家电网公司电力安全工作规程（变电部分）》规定，进行地电位带电作业，35kV及以下的带电设备不能满足带电作业过程中人身与带电体的最小安全距离时，应采取可靠的绝缘隔离措施。(　　)

答案：√

22. Q/GDW 1799.1—2013《国家电网公司电力安全工作规程（变电部分）》规定，使用钳形电流表在高压回路上测量时，应用导线从钳形电流表另接表计测量。(　　)

答案：×

23. Q/GDW 1799.1—2013《国家电网公司电力安全工作规程（变电部分）》规定，操作票应填写设备的双重名称。(　　)

答案：√

24. Q/GDW 1799.1—2013《国家电网公司电力安全工作规程（变电部分）》规定，在4级及以上的大风，以及暴雨、雷电、冰雹、大雾、沙尘暴等恶劣天气下，应停止露天高处作业。(　　)

答案：×

25. Q/GDW 1799.1—2013《国家电网公司电力安全工作规程（变电部分）》规定，高处作业人员在转移作业位置时可失去安全保护，但转移完毕后必须恢复。(　　)

答案：×

26. Q/GDW 1799.1—2013《国家电网公司电力安全工作规程（变电部分）》规定，操作过程中应按操作票填写的顺序逐项操作。每操作完一步，应检查无误后做一个“√”记号，全部操作完毕后即可。（　　）

答案：×

四、简答题

1. Q/GDW 1799.1—2013《国家电网公司电力安全工作规程（变电部分）》规定，在电气设备上工作，保证安全的组织措施有哪些？

答案：（1）现场勘查制度。

（2）工作票制度。

（3）工作许可制度。

（4）工作监护制度。

（5）工作间断、转移和终结制度。

2. Q/GDW 1799.1—2013《国家电网公司电力安全工作规程（变电部分）》规定，在电气设备上工作，保证安全的技术措施有哪些？

答案：停电；验电；接地；悬挂标示牌和装设遮栏（围栏）。

3. Q/GDW 1799.1—2013《国家电网公司电力安全工作规程（变电部分）》规定，紧急救护时，现场工作人员应掌握哪些救护方法？

答案：现场工作人员都应定期接受培训，学会紧急救护法，会正确解脱电源，会心肺复苏法，会止血、会包扎、会固定，会转移搬运伤员，会处理急救外伤或中毒等。

4. Q/GDW 1799.1—2013《国家电网公司电力安全工作规程（变电部分）》规定，哪些绝缘安全工器具工频耐压试验周期为一年？哪些为半年？

答案：工频耐压试验周期一年的工器具包括电容器验电器、绝缘杆、绝缘隔板、绝缘罩、绝缘夹钳、绝缘胶垫；工频耐压试验周期为半年的工器具包括绝缘手套、绝缘靴。

5. Q/GDW 1799.1—2013《国家电网公司电力安全工作规程（变电部分）》规定，工作期间，工作负责人离开工作现场时，《国家电网公司电力安全工作规程》是如何规定的？

答案：工作期间，工作负责人若因故暂时离开工作现场，应指定能胜任的人员临时代替，离开前应将工作现场交待清楚，并告知工作班成员。原工作负责人返回工作现场时，也应履行同样的交接手续。

若工作负责人必须长时间离开工作现场，应由原工作票签发人变更工作负责人，履行变更手续，并告知全体工作人员及工作许可人。原、现工作负责人应做好必要的交接。

6. Q/GDW 1799.1—2013《国家电网公司电力安全工作规程（变电部分）》规定，作业人员的基本条件有哪些？

答案：（1）经医师鉴定，无妨碍工作的病症（体格检查每两年至少一次）。

（2）具备必要的电气知识和业务技能，且按工作性质，熟悉《国家电网公司电气安全工作规程》的相关部分，并经考试合格。

（3）具备必要的安全生产知识，学会紧急救护法，特别要学会触电急救。

第三节　国家电网有限公司营销现场作业安全工作规程

一、填空题

1.《国家电网有限公司营销现场作业安全工作规程（试行）》规定，营销现场作业由营销服务人员进行的__________、电能计量、__________、用电检查、分布式电源作业、__________以及综合能源等现场工作。

答案：业扩报装　用电信息采集　智能用电

2.《国家电网有限公司营销现场作业安全工作规程（试行）》规定，电网侧营销现场作业在公司__________、设备范围内或公共区域内进行的营销现场作业。

答案：产权场所

3.《国家电网有限公司营销现场作业安全工作规程（试行）》规定，公司所属各级单位应严格落实四个管住（管住计划、管住队伍、管住人员、管住现场）工作要求，建立__________模式，强化现场作业安全管控，守住安全生产生命线。

答案：线上管控

4.《国家电网有限公司营销现场作业安全工作规程（试行）》规定，严肃作业队伍管理，重点强化__________队伍管控，严把施工队伍、人员准入关，严格执行施工单位负面清单和黑名单制度。

答案：外包

5.《国家电网有限公司营销现场作业安全工作规程（试行）》规定，在多电源和有自备电源的客户线路的高压系统接入点，应有__________。

答案：明显断开点

6.《国家电网有限公司营销现场作业安全工作规程（试行）》规定，营销现场作业，工作票签发人或工作负责人认为有必要现场勘察的，应根据工作任务组织现场勘察，并填写__________。

答案：现场勘察记录

7.《国家电网有限公司营销现场作业安全工作规程（试行）》规定，已终结的工作票，现场勘察记录至少应保存__________年。

答案：1

8.《国家电网有限公司营销现场作业安全工作规程（试行）》规定，工作票只能延期__________次。

答案：一

二、不定项选择题

1.《国家电网有限公司营销现场作业安全工作规程（试行）》规定，工作许可人包括（　　）和发电厂运维人员、配合停电线路许可人及现场许可人等。

A.值班调控人员　　B.运维人员

C.营销人员　　D.相关变配电站（含客户变、配电站）

答案：ABCD

2.《国家电网有限公司营销现场作业安全工作规程（试行）》规定，在客户设备上工作，许可工作前，工作负责人应检查确认客户设备当前的（　　）符合作业的安全要求。

A. 运行状态　　B. 安全措施

C. 备用状况　　D. 接地线

答案：AB

3.《国家电网有限公司营销现场作业安全工作规程（试行）》规定，客户侧现场勘察应由工作票签发人或工作负责人组织，应由客户项目（施工）负责人或电气负责人带领，（　　）参加。

A. 工作负责人　　B. 设备运维管理单位（客户单位）

C. 检修（施工）单位　　D. 相关人员

答案：ABCD

4.《国家电网有限公司营销现场作业安全工作规程（试行）》规定，充换点设备巡视人员每组不应少于（　　）人。

A.1　　B.2

C.3　　D.4

答案：B

5.《国家电网有限公司营销现场作业安全工作规程（试行）》规定，电缆敷设经过的（　　）均应封堵。

A. 建筑隔墙　　B. 楼板

C. 电缆竖井　　D. 屏、柜、箱下部电缆孔洞间

答案：ABCD

三、判断题

1.《国家电网有限公司营销现场作业安全工作规程（试行）》规定，营销服务人员不得擅自操作客户设备。（　　）

答案：√

2.《国家电网有限公司营销现场作业安全工作规程（试行）》规定，进入SF_6装置室，应确认能报警的氧含量仪和SF_6气体泄漏报警仪无异常报警后，方可进入。（　　）

答案：√

3.《国家电网有限公司营销现场作业安全工作规程（试行）》规定，客户侧开展业扩报装、用电检查、分布式电源、充电设备检修（试验）、综合能源等相关工作，应填用现场作业工作卡。（　　）

答案：√

4.《国家电网有限公司营销现场作业安全工作规程（试行）》规定，一张工作票中，工作票签发人、工作许可人和工作负责人三者不得为同一人。若相互兼任，应具备相应的资质，并履行相应的安全责任。（　　）

答案：√

5.《国家电网有限公司营销现场作业安全工作规程（试行）》规定，工作票的有效期，以批准的计划工作时间为限。批准的计划工作时间为调度控制中心或设备运维管理单位批准的开工至完工时间。(　　)

答案：√

6.《国家电网有限公司营销现场作业安全工作规程（试行）》规定，高压试验用接地线必须用多股裸铜线或外覆绝缘层的铜质软绞线，其截面积应能满足试验要求，并不得小于4mm^2。(　　)

答案：√

7.《国家电网有限公司营销现场作业安全工作规程（试行）》规定，电网侧营销现场作业，工作票由设备运维管理单位签发，也可由经设备运维管理单位审核合格且经批准的检修（施工）单位签发。(　　)

答案：√

8.《国家电网有限公司营销现场作业安全工作规程（试行）》规定，客户侧营销现场作业时，供电方作业人员应会同客户检查现场所做的安全措施，对具体的设备指明实际的隔离措施，证明检修设备确无电压。(　　)

答案：√

9.《国家电网有限公司营销现场作业安全工作规程（试行）》规定，营销现场停电作业，接地前，应使用相应电压等级的接触式验电笔或测电笔，在装设接地线或合接地刀闸处逐相分别验电。(　　)

答案：√

10.《国家电网有限公司营销现场作业安全工作规程（试行）》规定，充换电设备断电后，需等待2～3min，待充电机所有信号指示灯熄灭后，经验电确定无电后方进行作业。(　　)

答案：√

四、简答题

1.根据《国家电网有限公司营销现场作业安全工作规程（试行）》规定，请回答工作票签发人的职责是什么？

答案：（1）确认工作必要性和安全性。

（2）确认工作票上所列安全措施正确完备。

（3）确认所配工作负责人和工作班成员适当、充足。

2.根据《国家电网有限公司营销现场作业安全工作规程（试行）》规定，请简述业扩现场勘察要求？

答案：现场勘察人员应掌握带电设备的位置，与带电设备保持足够的安全距离，注意不要误碰、误动、误登运行设备。工作中应严格履行监护制度，严禁移开或越过遮栏，严禁操作客户设备，客户设备状态不明时，均应视为带电设备，不得进行与现场勘察无关的工作。

第四节　国家电网有限公司安全事故调查规程

一、填空题

1.《国家电网公司安全事故调查规程（2017年版）》制定的目的是规范国家电网公司系统安全事故（事件）（以下统称事故）的报告和调查处理，落实__________，通过对事故的调查分析和统计，总结经验教训，研究事故规律，采取预防措施，防止和减少安全事故。

答案：安全事故责任追究制度

2.《国家电网公司安全事故调查规程（2017年版）》规定的安全事故（事件）共分__________级。

答案：八

3.《国家电网公司安全事故调查规程（2017年版）》规定，安全事故报告应__________、__________、__________。

答案：及时　准确　完整

4.《国家电网公司安全事故调查规程（2017年版）》规定，安全事故调查应坚持__________、__________的原则，及时、准确地查清事故经过、原因和损失，查明事故性质，认定事故责任，总结事故教训，提出整改措施，并对事故责任者提出处理意见。

答案：实事求是　尊重科学

5.《国家电网公司安全事故调查规程（2017年版）》规定，__________和__________对违反本规程、隐瞒事故或阻碍事故调查的行为有权向国家电网公司系统各级单位反映。

答案：任何单位　个人

6.《国家电网公司安全事故调查规程（2017年版）》规定，事故造成电网大面积停电的，有关单位应当按照国家有关规定，启动相应的应急预案，成立应急指挥机构，尽快恢复电网运行和电力供应，防止各种__________的发生。

答案：次生灾害

7.《国家电网公司安全事故调查规程（2017年版）》规定，安全记录达到__________天为一个安全周期。

答案：100

二、不定项选择题

1.《国家电网公司安全事故调查规程（2017年版）》规定，恢复电网运行和电力供应，应当优先保证重要厂用（站用）电源、重要输变电设备、电力主干网架的恢复，优先恢复（　　）的电力供应。

A. 重要电力用户　　B. 重要行政单位

C. 重点地区　　D. 重要城市

答案：ACD

2.《国家电网公司安全事故调查规程（2017年版）》规定，发生（　　）除按国家和行业有关规定和程序向相关机构报告，并接受其调查外，还应按照本规程规定开展调查。

A.特别重大、重大、较大和一般事故　　B.特别重大、重大和较大

C.特别重大和重大　　D.特别重大

答案：A

3.《国家电网公司安全事故调查规程（2017年版）》规定，交通事故等级划分和调查按照（　　）执行。

A.国家有关规定　　B.行业有关规定

C.国家有关规程　　D.行业有关规程

答案：AB

4.《国家电网公司安全事故调查规程（2017年版）》规定，安全事故调查应坚持实事求是、尊重科学的原则，及时、准确地查清事故（　　），查明事故性质，认定事故责任，总结事故教训，提出整改措施，并对事故责任者提出处理意见。

A.经过　　B.原因

C.损失　　D.影响

答案：ABC

5.《国家电网公司安全事故调查规程（2017年版）》规定，任何单位和个人对于（　　）的行为有权向国家电网公司系统各级单位反映。

A.违反《国家电网公司安全事故调查规程》　　B.拒绝接受事故调查

C.隐瞒事故　　D.阻碍事故调查

答案：ACD

6.《国家电网公司安全事故调查规程（2017年版）》仅用于国家电网公司系统内部安全监督和安全管理，其（　　）、安全记录不作为处理和判定民事责任的依据。

A.事故定义　　B.调查程序

C.调查和统计结果　　D.调查证据

答案：ABC

7.《国家电网公司安全事故调查规程（2017年版）》中所指的单位组织的交通工具指（　　）的交通工具。

A.单位所有　　B.租借

C.外包单位承运　　D.私人

答案：ABC

8.《国家电网公司安全事故调查规程（2017年版）》规定，发生以下（　　）情况者定为人身伤亡事故。

A.员工因公外出发生的人身伤亡

B.被单位派出到用户工程工作（外委）发生的人身伤亡

C.自行组织的集体外出活动过程中发生的人身伤亡

D.乘坐单位组织的交通工具发生的人身伤亡

答案：ABD

9.《国家电网公司安全事故调查规程（2017年版）》规定，一次事故造成（　　）人以上死亡，或者（　　）人以上重伤者，属于特别重大事故。

A.10　　B.30

C.50　　D.100

答案：BD

10.《国家电网公司安全事故调查规程（2017年版）》规定，一次事故造成（　　）人以上（　　）人以下死亡，或者（　　）人以上100人以下重伤者，属于重大事故。

A.10　　B.30

C.50　　D.70

答案：ABC

11.《国家电网公司安全事故调查规程（2017年版）》规定，一次事故造成（　　）人以上10人以下死亡，或者（　　）人以上（　　）人以下重伤者，属于较大事故。

A.3　　B.10

C.30　　D.50

答案：ABD

12.《国家电网公司安全事故调查规程（2017年版）》规定，一次事故造成（　　）人以下死亡，或者（　　）人以下重伤者，属于一般事故。

A.3　　B.10

C.30　　D.50

答案：AB

13.《国家电网公司安全事故调查规程（2017年版）》规定，无人员死亡和重伤，但造成（　　），属于五级人身伤亡事件。

A.重大影响的人员群体轻伤事件　　B.较大影响的人员群体轻伤事件

C.3人以上群体轻伤事件　　D.1～2人轻伤

答案：A

14.《国家电网公司安全事故调查规程（2017年版）》规定，无人员死亡和重伤，但造成（　　），属于六级人身伤亡事件。

A.重大影响的人员群体轻伤事件　　B.较大影响的人员群体轻伤事件

C.3人以上群体轻伤事件　　D.1～2人轻伤

答案：B

15.《国家电网公司安全事故调查规程（2017年版）》规定，无人员死亡和重伤，但造成（　　），属于七级人身伤亡事件。

A.重大影响的人员群体轻伤事件　　B.较大影响的人员群体轻伤事件

C.3人以上群体轻伤事件　　D.1～2人轻伤

答案：C

16.《国家电网公司安全事故调查规程（2017年版）》规定，无人员死亡和重伤，但造成（　　），属于八级人身伤亡事件。

A.重大影响的人员群体轻伤事件　　B.较大影响的人员群体轻伤事件

C.3人以上群体轻伤事件　　D.1～2人轻伤

答案：D

17.《国家电网公司安全事故调查规程（2017年版）》规定，事故责任归为（　　）几类。

A.全部责任　　B.主要责任

C.同等责任　　D.次要责任

答案：ABCD

18.《国家电网公司安全事故调查规程（2017年版）》规定，次要责任包括（　　）。

A.管理责任　　B.间接责任

C.一定责任　　D.连带责任

答案：ACD

19.《国家电网公司安全事故调查规程（2017年版）》规定，重大活动保电期间，保电场所发生停电属于（　　）级电网事件。

A.四　　B.五

C.六　　D.七

答案：B

三、判断题

1.《国家电网公司安全事故调查规程（2017年版）》规定，任何单位和个人对事故不得迟报、漏报、谎报和瞒报。（　　）

答案：√

2.《国家电网公司安全事故调查规程（2017年版）》规定，任何单位和个人对违反本规程、隐瞒事故或阻碍事故调查的行为有权向政府各级相关部门反映。（　　）

答案：×

3.《国家电网公司安全事故调查规程（2017年版）》规定，在国家电网公司系统各单位工作场所或承包租赁的工作场所发生的人身伤亡（不含生产性急性中毒造成的伤亡）定为人身伤亡事故。（　　）

答案：×

4.《国家电网公司安全事故调查规程（2017年版）》规定，事故发生或扩大主要由一个单位承担责任者，属于全部责任。（　　）

答案：×

5.《国家电网公司安全事故调查规程（2017年版）》规定，故障造成电网对电气化铁路（高铁）、机场停止供电属于六级电网事件。（　　）

答案：×

6.《国家电网公司安全事故调查规程（2017年版）》规定，由于供电原因造成用户财产损失并需进行赔偿的，属于八级电网事件。（　　）

答案：×

7.《国家电网公司安全事故调查规程（2017年版）》规定，220kV以上电压监视控制点电压偏差超出 ±5%，延续时间超过10min，属于6级电网事件。（　　）

答案：×

8.《国家电网公司安全事故调查规程（2017年版）》规定，由于供电原因造成用户财产损失并需进行赔偿的，属于八级设备事件。（　　）

答案：√

四、简答题

1.《国家电网公司安全事故调查规程（2017年版）》规定，事故发生后，应收集的原始资料包括哪些？

答案：有关运行、操作、检修、试验、验收的记录文件，系统配置和日志文件，以及事故发生时的录音、故障录波图、计算机打印记录现场影像资料、处理过程记录等。

2.《国家电网公司安全事故调查规程（2017年版）》规定，七级以上事故应报送阅读事故快报，其内容应包括哪些？

答案：（1）人身死亡、重伤和轻伤人数。

（2）电网、设备、信息系统事故次数。

（3）恶性误操作事故次数。

（4）事故发生的时间、地点、单位；事故发生的简要经过、伤亡人数、直接经济损失的初步估计；设备损坏、电网停电影响，以及系统和网络故障的初步情况；事故发生原因的初步判断。

（5）事故造成负荷损失的，需同时填报损失负荷和停电用户数。

第三章　高危及重要客户管理

第一节　重要电力用户供电电源及自备应急电源配置监督管理

一、填空题

1.《关于加强重要电力用户用电供电电源及自备应急电源配置监督管理的意见》(电监安全〔2008〕43号)规定：重要电力用户是指在国家或者一个地区(城市)的__________、__________、__________生活中占有重要地位，对其中断供电将可能造成人身伤亡、较大环境污染、较大政治影响、较大经济损失、社会公共秩序严重混乱的用电单位或对供电可靠性有特殊要求的用电场所。

答案：社会　　政治　　经济

2.《关于加强重要电力用户用电供电电源及自备应急电源配置监督管理的意见》规定，根据__________的要求及__________程度，重要电力用户可以分为特级、一级、二级重要电力用户和临时性重要电力用户。

答案：供电可靠性　　中断供电危害

3.《关于加强重要电力用户用电供电电源及自备应急电源配置监督管理的意见》规定，特级重要用户，是指在__________中具有特别重要作用，中断供电将可能危害国家安全的电力用户。

答案：管理国家事务

4.《关于加强重要电力用户用电供电电源及自备应急电源配置监督管理的意见》规定，临时性重要电力用户，是指需要__________的电力用户。

答案：临时特殊供电保障

5.《关于加强重要电力用户用电供电电源及自备应急电源配置监督管理的意见》规定，供电企业要根据__________确定的重要电力用户的行业范围及用电负荷特性，提出重要电力用户名单，经地方人民政府有关部门批准后，报电力监管机构备案。

答案：地方人民政府有关部门

6.《关于加强重要电力用户用电供电电源及自备应急电源配置监督管理的意见》规定，电力监管机构要按照地方人民政府有关部门确定的重要电力用户名单，加强对重要电力用户__________配置情况的监督管理，并与地方人民政府有关部门共同做好重要电力用户__________配置管理工作。

答案：供电电源　　自备应急电源

7.《关于加强重要电力用户用电供电电源及自备应急电源配置监督管理的意见》规定，特级重要电力用户具备__________供电条件，其中的两路电源应当来自两个不同的变电站，当任何两路电源发生故障时，第三路电源能保证独立正常供电。

答案：三路电源

8.《关于加强重要电力用户用电供电电源及自备应急电源配置监督管理的意见》规定，一级重要电力用户具备__________供电条件，两路电源应当来自两个不同的变电站，当一路电源发生故障时，另一路电源能保证独立正常供电。

答案：两路电源

9.《关于加强重要电力用户用电供电电源及自备应急电源配置监督管理的意见》规定，二级重要电力用户具备__________供电条件，供电电源可以来自同一个变电站的不同母线段。

答案：双回路

10.《关于加强重要电力用户用电供电电源及自备应急电源配置监督管理的意见》规定，临时性重要电力用户按照__________，在条件允许情况下，可以通过临时架线等方式具备双回路或两路以上电源供电条件。

答案：供电负荷重要性

11.《关于加强重要电力用户用电供电电源及自备应急电源配置监督管理的意见》规定，重要电力用户供电电源的__________和__________要满足重要电力用户允许中断供电时间的要求。

答案：切换时间　　切换方式

12.《关于加强重要电力用户用电供电电源及自备应急电源配置监督管理的意见》规定，自备应急电源配置容量标准应达到保安负荷的__________。

答案：120%

13.《关于加强重要电力用户用电供电电源及自备应急电源配置监督管理的意见》规定，自备应急电源与电网电源之间应装设可靠的__________或__________闭锁装置，防止倒送电。

答案：电气　　机械

14.《关于加强重要电力用户用电供电电源及自备应急电源配置监督管理的意见》规定，临时性重要电力用户可以通过__________等方式，配置自备应急电源。

答案：租用应急发电车（机）

15.《关于加强重要电力用户用电供电电源及自备应急电源配置监督管理的意见》规定，重要电力用户新装自备应急电源及其业务变更要向供电企业办理相关手续，并与供电企业签订__________，明确供用电双方的安全责任后方可投入使用。

答案：自备应急电源使用协议

16.《关于加强重要电力用户用电供电电源及自备应急电源配置监督管理的意见》规定，重要电力用户新装自备应急电源__________技术方案要符合国家有关标准和所接入电力系统安全要求。

答案：投入切换装置

17.《关于加强重要电力用户用电供电电源及自备应急电源配置监督管理的意见》规定，重要电力用户保安负荷由__________与__________共同协商确定，并报当地电力监管机构备案。

答案：供电企业　　重要电力用户

二、不定项选择题

1.《关于加强重要电力用户用电供电电源及自备应急电源配置监督管理的意见》规定，重要电力用户是指在国家或者一个地区（城市）的社会、政治、经济生活中占有重要地位，对其中断供电将可能造成（　　）的用电单位或对供电可靠性有特殊要求的用电场所。

A.人身伤亡　　B.较大环境污染

C.较大政治影响　　D.较大经济损失

E.中毒、爆炸和火灾　　F.社会公共秩序严重混乱

答案：ABCDF

2.《关于加强重要电力用户用电供电电源及自备应急电源配置监督管理的意见》规定，根据对供电可靠性的要求及中断供电危害程度，重要电力客户可以分为（　　）。

A.一级、二级、三级重要电力客户

B.一级、二级重要电力客户和临时性重要电力客户

C.特级、一级、二级重要电力客户和临时性重要电力客户

D.特级、一级、二级、三级重要电力客户

答案：C

3.《关于加强重要电力用户用电供电电源及自备应急电源配置监督管理的意见》规定，一级重要用户，中断供电将可能产生（　　）后果。

A.直接引发人身伤亡的　　B.造成严重环境污染的

C.造成重大政治影响的　　D.将影响重要用电单位的正常工作

答案：ABC

4.《关于加强重要电力用户用电供电电源及自备应急电源配置监督管理的意见》规定，二级重要用户，中断供电将可能产生（　　）后果。

A.造成较大政治影响的　　B.造成较大经济损失的

C.间接引发人身伤亡的　　D.造成较大范围社会公共秩序严重混乱的

答案：AB

5.《关于加强重要电力用户用电供电电源及自备应急电源配置监督管理的意见》规定，重要电力用户应配置自备应急电源，并加强安全使用管理。重要电力用户的自备应急电源配置应符合以下（　　）要求。

A.自备应急电源配置容量标准应达到保安负荷的110%

B.自备应急电源启动时间应满足安全要求

C.自备应急电源与电网电源之间应装设可靠的电气或机械闭锁装置，防止倒送电

D.临时性重要电力用户可以通过租用应急发电车（机）等方式，配置自备应急电源

答案：BCD

6.《关于加强重要电力用户用电供电电源及自备应急电源配置监督管理的意见》规定，

重要电力用户选用的自备应急电源设备要符合国家有关（　　）等技术规范和标准要求。

A.安全　　B.消防

C.节能　　D.环保

答案：ABCD

7.《关于加强重要电力用户用电供电电源及自备应急电源配置监督管理的意见》规定，重要电力用户新装自备应急电源及其业务变更要向供电企业办理相关手续，并与供电企业签订自备应急电源使用协议，明确供用电双方的（　　）后方可投入使用。

A.权利　　B.义务

C.安全责任　　D.运行维护责任

答案：C

8.《关于加强重要电力用户用电供电电源及自备应急电源配置监督管理的意见》规定，自备应急电源的（　　）维护和管理由重要电力用户自行负责。

A.设计　　B.施工

C.建设　　D.运行

答案：CD

9.《关于加强重要电力用户用电供电电源及自备应急电源配置监督管理的意见》规定，重要电力用户新装自备应急电源投入切换装置技术方案要符合（　　）。

A.国家有关标准　　B.电力行业有关标准

C.国家和电力行业标准、规范　　D.所接入电力系统安全要求

答案：AD

10.《关于加强重要电力用户用电供电电源及自备应急电源配置监督管理的意见》规定，重要电力用户如需要（　　），要向供电企业办理相关手续，并修订相关协议。

A.拆装自备应急电源　　B.更换接线方式

C.拆除闭锁装置　　D.移动闭锁装置

答案：ABCD

11.《关于加强重要电力用户用电供电电源及自备应急电源配置监督管理的意见》规定，为进一步规范公司系统高危及重要客户的用电安全管理工作，全面落实“服务、通知、报告、督导”四到位的工作要求，维护正常供用电秩序，（　　）客户提高用电安全管理水平，现提出本意见。

A.指导　　B.帮助

C.协助　　D.督促

答案：ABD

12.《关于加强重要电力用户用电供电电源及自备应急电源配置监督管理的意见》规定，各单位应严格按照《重要电力用户供电电源及自备应急电源配置技术规范》中关于重要电力用户的相关定义，规范开展高危及重要客户的定级工作，确保名单的（　　），避免出现客户重要性等级与实际不符的情况。

A.正确性　　B.及时性

C.准确性　　D.完整性

答案：C

13.《关于加强重要电力用户用电供电电源及自备应急电源配置监督管理的意见》规定，高危及重要客户名单应以政府主管部门批复为准，各单位要完善名单的（　　），积极协助政府主管部门做好高危及重要客户名单审核认定工作。

A. 制度管理　　B. 台账管理

C. 基础管理　　D. 标准管理

答案：B

14.《关于加强重要电力用户用电供电电源及自备应急电源配置监督管理的意见》规定，重要电力用户的供电电源一般包括（　　）。

A. 主供电源　　B. 主用电源

C. 备用电源　　D. 保安电源

答案：AC

三、判断题

1.《关于加强重要电力用户用电供电电源及自备应急电源配置监督管理的意见》规定，供电企业要根据查勘时核定的行业类别及用电负荷特性，提出重要电力用户名单，经实地查勘报地方人民政府有关部门批准后，报电力监管机构备案。（　　）

答案：×

2.《关于加强重要电力用户用电供电电源及自备应急电源配置监督管理的意见》规定，临时性重要电力用户按照供电负荷重要性，在条件允许情况下，可以通过临时架线等方式具备双电源供电条件。（　　）

答案：×

3.《关于加强重要电力用户用电供电电源及自备应急电源配置监督管理的意见》规定，重要电力用户新装自备应急电源及其业务变更要向供电企业办理相关手续，并与供电企业签订自备应急电源使用协议，明确供用电设施的产权归属后方可投入使用。（　　）

答案：×

4.《关于加强重要电力用户用电供电电源及自备应急电源配置监督管理的意见》规定，重要电力用户保安负荷由用户申报，供电企业现场核定后报当地电力监管机构备案。（　　）

答案：×

5.《关于加强重要电力用户用电供电电源及自备应急电源配置监督管理的意见》规定，自备应急电源的建设、运行、维护和管理由重要电力用户自行负责。（　　）

答案：√

6.《关于加强重要电力用户用电供电电源及自备应急电源配置监督管理的意见》规定，重要电力用户要制订自备应急电源运行操作、维护管理的规程制度和应急处置预案，并定期（至少每半年一次）进行应急演练。（　　）

答案：×

7.《关于加强重要电力用户用电供电电源及自备应急电源配置监督管理的意见》规

定，重要电力用户运行维护自备应急电源的人员应持有安全监管部门颁发的《安全作业许可证》，持证上岗。(　　)

答案：×

8.《关于加强重要电力用户用电供电电源及自备应急电源配置监督管理的意见》规定，供电企业要掌握重要电力用户自备应急电源的配置和使用情况，建立基础档案数据库，并指导重要电力用户排查治理安全用电隐患，安全使用自备应急电源。(　　)

答案：√

9.《关于加强重要电力用户用电供电电源及自备应急电源配置监督管理的意见》规定，重要电力用户新装自备应急电源投入切换装置技术方案要符合电力行业有关标准和所接入电力系统安全要求。(　　)

答案：×

10.《关于加强重要电力用户用电供电电源及自备应急电源配置监督管理的意见》规定，重要电力用户要按照国家和电力行业有关规程、规范和标准的要求，对自查应急电源定期进行安全检查、预防性试验、启机试验和切换装置的切换试验。(　　)

答案：√

11.《关于加强重要电力用户用电供电电源及自备应急电源配置监督管理的意见》规定，供电企业要根据地方人民政府有关部门确定的重要电力用户的行业范围及用电负荷特性，提出重要电力用户名单，经地方人民政府有关部门批准后，报电力监管机构备案。(　　)

答案：√

12.《关于加强重要电力用户用电供电电源及自备应急电源配置监督管理的意见》规定，电力监管机构要按照地方人民政府有关部门确定的重要电力用户名单，加强对重要电力用户供电电源配置情况的监督管理，并与地方人民政府有关部门共同做好重要电力用户自备应急电源配置管理工作。(　　)

答案：√

13.《关于加强重要电力用户用电供电电源及自备应急电源配置监督管理的意见》规定，重要电力用户新装自备应急电源及其业务变更要向供电企业办理相关手续，并与供电企业签订自备应急电源使用协议，明确供用电双方的安全责任后方可投入使用。(　　)

答案：√

四、简答题

1.《关于加强重要电力用户用电供电电源及自备应急电源配置监督管理的意见》规定，重要电力用户供电电源的配置应符合什么要求？

答案：(1)特级重要电力用户具备三路电源供电条件，其中的两路电源应当来自两个不同的变电站，当任何两路电源发生故障时，第三路电源能保证独立正常供电。

(2)一级重要电力用户具备两路电源供电条件，两路电源应当来自两个不同的变电站，当一路电源发生故障时，另一路电源能保证独立正常供电。

（3）二级重要电力用户具备双回路供电条件，供电电源可以来自同一个变电站的不同母线段。

（4）临时性重要电力用户按照供电负荷重要性，在条件允许情况下，可以通过临时架线等方式具备双回路或两路以上电源供电条件。

（5）重要电力用户供电电源的切换时间和切换方式要满足重要电力用户允许中断供电时间的要求。

2.《关于加强重要电力用户用电供电电源及自备应急电源配置监督管理的意见》规定，重要电力用户的自备应急电源配置应符合哪些要求？

答案：重要电力用户的自备应急电源配置应符合以下要求：

（1）自备应急电源配置容量标准应达到保安负荷的120%。

（2）自备应急电源启动时间应满足安全要求。

（3）自备应急电源与电网电源之间应装设可靠的电气或机械闭锁装置，防止倒送电。

（4）临时性重要电力用户可以通过租用应急发电车（机）等方式，配置自备应急电源。

3.《关于加强重要电力用户用电供电电源及自备应急电源配置监督管理的意见》规定，重要电力用户的自备应急电源在使用过程中应杜绝和防止哪些情况发生？

答案：重要电力用户的自备应急电源在使用过程中应杜绝和防止以下情况发生：

（1）自行变更自备应急电源接线方式。

（2）自行拆除自备应急电源的闭锁装置或者使其失效。

（3）自备应急电源发生故障后长期不能修复并影响正常运行。

（4）擅自将自备应急电源引入，转供其他用户。

（5）其他可能发生自备应急电源向电网倒送电的。

第二节　重要电力用户供电电源及自备应急电源配置技术规范

一、填空题

1.《重要电力用户供电电源及自备应急电源配置技术规范》（GB/Z 29328—2012）规定了重要电力用户的__________和__________、供电电源和自备应急电源的配置原则和主要技术条件。

答案：界定　　分级

2.《重要电力用户供电电源及自备应急电源配置技术规范》（GB/Z 29328—2012）规定，备用电源是根据用户在__________、__________和__________上对供电可靠性的实际需求，在主供电源发生故障或断电时，能有效且连续为全部负荷或保安负荷提供电力的电源。

答案：安全　　业务　　生产

3.《重要电力用户供电电源及自备应急电源配置技术规范》（GB/Z 29328—2012）规

定，允许断电时间是指电力用户的重要用电负荷所能容忍的__________。

答案：最长断电时间

4.《重要电力用户供电电源及自备应急电源配置技术规范》（GB/Z 29328—2012）规定，非电保安措施是指为保证安全，用户所采取的非电性质的__________和__________。

答案：应急手段　方法

5.《重要电力用户供电电源及自备应急电源配置技术规范》（GB/Z 29328—2012）规定，重要电力用户__________和__________应根据其用电需求、负荷特性和安全供电准则来确定。

答案：电压等级　供电电源数量

6.《重要电力用户供电电源及自备应急电源配置技术规范》（GB/Z 29328—2012）规定，在__________无法满足重要电力用户的供电电源需求时，重要电力用户应根据自身需求，按照相关标准自行建设或配置独立电源。

答案：地区公共电网

7.《重要电力用户供电电源及自备应急电源配置技术规范》（GB/Z 29328—2012）规定，重要电力用户的供电电源应采用__________、__________或__________供电，当任何一路或一路以上电源发生故障时，至少仍有一路电源应能对保安负荷持续供电。

答案：多电源　双电源　双回路

8.《重要电力用户供电电源及自备应急电源配置技术规范》（GB/Z 29328—2012）规定，特级重要电力用户宜采用__________或__________供电。

答案：双电源　多路电源

9.《重要电力用户供电电源及自备应急电源配置技术规范》（GB/Z 29328—2012）规定，临时性重要电力用户按照用电负荷的重要性，在条件允许情况下，可以通过__________等方式满足双回路或两路以上电源供电条件。

答案：临时敷设线路

10.《重要电力用户供电电源及自备应急电源配置技术规范》（GB/Z 29328—2012）规定，双电源或多路电源供电的重要电力用户，宜采用__________，但根据不同负荷需要及地区供电条件，亦可采用不同电压供电。

答案：同级电压供电

11.《重要电力用户供电电源及自备应急电源配置技术规范》（GB/Z 29328—2012）规定，采用双电源或双回路的同一重要电力用户，不应采用__________供电。

答案：同杆架设

12.《重要电力用户供电电源及自备应急电源配置技术规范》（GB/Z 29328—2012）规定，新增重要电力用户自备应急电源应__________，在正式生产前投运，有条件的可设置__________。

答案：同步建设　专用应急母线

13.《重要电力用户供电电源及自备应急电源配置技术规范》（GB/Z 29328—2012）规定，自备应急电源的配置应依据保安负荷的允许断电时间、容量、停电影响等负荷特性，按照各类应急电源在启动时间、切换方式、容量大小、持续供电时间、电能质量、__________、__________等方面的技术性能，选取合理的自备应急电源。

答案：节能环保　　适用场所

14.《重要电力用户供电电源及自备应急电源配置技术规范》（GB/Z 29328—2012）规定，重要电力用户应具备外部自备应急电源接入条件，有特殊供电需求的及临时重要电力用户，应配置__________。

答案：外部应急电源接入装置

15.《重要电力用户供电电源及自备应急电源配置技术规范》（GB/Z 29328—2012）规定，重要负荷允许断电时间为毫秒级的，用户应选用满足相应技术条件的静态储能不间断电源或动态储能不间断电源，且采用__________的运行方式。

答案：在线运行

16.《重要电力用户供电电源及自备应急电源配置技术规范》（GB/Z 29328—2012）规定，重要负荷允许断电时间为秒级的，用户应选用满足相应技术条件的静态储能电源、快速自启动发电机组等电源，且自备应急电源应具有__________。

答案：自动切换功能

17.《重要电力用户供电电源及自备应急电源配置技术规范》（GB/Z 29328—2012）规定，自备应急电源容量需求为__________的，用户应选用满足相应技术条件的独立于电网的自备电厂等自备应急电源。

答案：百兆瓦级

二、不定项选择题

1.《重要电力用户供电电源及自备应急电源配置技术规范》（GB/Z 29328—2012）规定，重要电力用户的供电电源应依据其（　　）、对供电安全的要求、供电距离、当地公共电网现状、发展规划及所在行业的特定要求等因素，通过技术、经济比较后确定。

A.对供电可靠性的需求、负荷性质、用电设备性质、用电容量

B.对供电可靠性的需求、负荷性质、用电设备性质、重要负荷容量

C.对供电可靠性的需求、负荷特性、用电设备特性、重要负荷容量

D.对供电可靠性的需求、负荷特性、用电设备特性、用电容量

答案：D

2.《重要电力用户供电电源及自备应急电源配置技术规范》（GB/Z 29328—2012）规定，重要电力用户电压等级和供电电源数量应根据其（　　）来确定。

A.用电需求　　　　B.用电容量

C.负荷特性　　　　D.安全供电准则

答案：CD

3.《重要电力用户供电电源及自备应急电源配置技术规范》（GB/Z 29328—2012）规定，重要电力用户供电系统应当简单可靠，简化电压层级，重要电力用户的供电系统设计应按GB 50052执行。如果用户对电能质量有特殊需求，应当自行加装（　　）。

A.电能质量控制装置　　　　B.电压质量控制装置

C.无功补偿装置　　　　D.失压自动记录仪

答案：A

4.《重要电力用户供电电源及自备应急电源配置技术规范》（GB/Z 29328—2012）规定，双电源或多路电源供电的重要电力用户，宜采用同级电压供电，但根据（　　），亦可采用不同电压供电。

A.不同负荷需要　　B.不同设备特性

C.地区供电条件　　D.电网供电能力

答案：AC

5.《重要电力用户供电电源及自备应急电源配置技术规范》（GB/Z 29328—2012）规定，（　　）电源可作为自备应急电源。

A.自备电厂　　B.发动机驱动发电机组

C.EPS　　D.飞轮储能装置

答案：ABCD

6.《重要电力用户供电电源及自备应急电源配置技术规范》（GB/Z 29328—2012）规定，（　　）电源可作为自备应急电源。

A.静态储能装置　　B.动态储能装置

C.移动用电设备　　D.其他新型电源装置

答案：ABD

7.《重要电力用户供电电源及自备应急电源配置技术规范》（GB/Z 29328—2012）规定，（　　）设备属于发动机驱动发电机组。

A.柴油发动机发电机组　　B.汽油发动机发电机组

C.煤油发动机发电机组　　D.燃气发动机发电机组

答案：ABD

8.《重要电力用户供电电源及自备应急电源配置技术规范》（GB/Z 29328—2012）规定，（　　）设备属于静态储能装置。

A.不间断电源UPS　　B.飞轮储能装置

C.蓄电池　　D.干电池

答案：ACD

9.《重要电力用户供电电源及自备应急电源配置技术规范》（GB/Z 29328—2012）规定，（　　）设备属于移动发电设备。

A.装有电源装置的专用车辆　　B.蓄电池

C.锂电池　　D.小型移动式发电机

答案：AD

10.《重要电力用户供电电源及自备应急电源配置技术规范》（GB/Z 29328—2012）规定，自备应急电源的配置应依据保安负荷的允许断电时间、容量、停电影响等负荷特性，按照各类应急电源在（　　）节能环保、适用场所等方面的技术性能，选取合理的自备应急电源。

A.启动时间　　B.切换时间

C.切换方式　　D.容量大小

E.持续供电时间　　F.电能质量

G.发展规划

答案：ACDEF

11.《重要电力用户供电电源及自备应急电源配置技术规范》（GB/Z 29328—2012）规定，重要电力用户应具备外部自备应急电源接入条件，有特殊供电需求的及（　　），应配置外部应急电源接入装置。

A.特级重要电力用户　　B.一级重要电力用户

C.二级重要电力用户　　D.临时重要电力用户

答案：D

12.《重要电力用户供电电源及自备应急电源配置技术规范》（GB/Z 29328—2012）规定，自备应急电源容量需求为百千瓦级的，用户应选用满足相应技术条件的（　　）等自备应急电源。

A.中等容量静态储能不间断电源　　B.中等容量动态储能装置

C.中等容量静态储能装置　　D.小型发电机组

答案：AD

13.《重要电力用户供电电源及自备应急电源配置技术规范》（GB/Z 29328—2012）规定，自备应急电源容量需求为千瓦级的，用户应选用满足相应技术条件的小容量静态储能电源，如（　　）等自备应急电源。

A.小型移动式UPS　　B.蓄电池

C.小型移动式EPS　　D.干电池

答案：ABD

14.《重要电力用户供电电源及自备应急电源配置技术规范》（GB/Z 29328—2012）规定，对于持续供电时间要求在标准条件下12h以内，对供电质量要求较高的重要负荷，可选用满足相应技术条件的供电质量高的发电机组、动态储能不间断供电装置、（　　）作为自备应急电源。

A.动态储能装置与发电机组的组合　　B.动态储能装置

C.静态储能装置与发电机组的组合　　D.储能装置与发电机组的组合

答案：C

15.《重要电力用户供电电源及自备应急电源配置技术规范》（GB/Z 29328—2012）规定，自备发电机组与供电企业签订并网调度协议后方可并入公共电网运行。签订并网调度协议的发电机组用户应严格执行（　　）。

A.电力调度计划　　B.安全管理规定

C.运行维护制度　　D.安全使用规定

答案：AB

三、判断题

1.《重要电力用户供电电源及自备应急电源配置技术规范》（GB/Z 29328—2012）规定，主供电源是指在任何情况下，能正常有效且连续为全部负荷提供电力的电源。（　　）

答案：√

2.《重要电力用户供电电源及自备应急电源配置技术规范》(GB/Z 29328—2012)规定，自备应急电源是指由用户自行配备的，在主供供电电源全部发生中断的情况下，能为用户保安负荷可靠供电的独立电源。(　　)

答案：×

3.《重要电力用户供电电源及自备应急电源配置技术规范》(GB/Z 29328—2012)规定，自备应急电源是指由用户自行配备的，在正常供电电源全部发生中断的情况下，能为用户保安负荷可靠供电的独立电源。(　　)

答案：√

4.《重要电力用户供电电源及自备应急电源配置技术规范》(GB/Z 29328—2012)规定，双电源是指分别来自两个不同变电站，或来自不同电源进线的同一变电站内两段母线，为用户重要负荷供电的两路供电电源。(　　)

答案：√

5.《重要电力用户供电电源及自备应急电源配置技术规范》(GB/Z 29328—2012)规定，重要电力用户的认定应在省级政府部门主导下，由供电企业和用户自行协商，采取一次认定，每年审核新增和变更的重要电力用户。(　　)

答案：×

6.《重要电力用户供电电源及自备应急电源配置技术规范》(GB/Z 29328—2012)规定，重要电力用户的供电电源均包括主供电源和备用电源。(　　)

答案：×

7.《重要电力用户供电电源及自备应急电源配置技术规范》(GB/Z 29328—2012)规定，重要电力用户的供电电源应依据其对供电可靠性的需求、负荷特性、用电设备特性、用电容量、对供电安全的要求、供电距离、当地公共电网现状、发展规划及所在行业的特定要求等因素，通过技术、经济比较后确定。(　　)

答案：√

8.《重要电力用户供电电源及自备应急电源配置技术规范》(GB/Z 29328—2012)规定，重要电力用户应根据其生产特点、负荷特性等，合理配置保安措施。(　　)

答案：×

9.《重要电力用户供电电源及自备应急电源配置技术规范》(GB/Z 29328—2012)规定，在地区公共电网无法满足重要电力用户的供电电源需求时，重要电力用户应根据自身需求，按照相关标准自行建设或配置自备应急电源。(　　)

答案：×

10.《重要电力用户供电电源及自备应急电源配置技术规范》(GB/Z 29328—2012)规定，切换时间不能满足重要负荷允许断电时间要求的，重要电力用户应在供电企业的指导帮助下解决。(　　)

答案：×

11.《重要电力用户供电电源及自备应急电源配置技术规范》(GB/Z 29328—2012)规定，切换时间不能满足重要负荷允许断电时间要求的，重要电力用户应自行采取技术手段解决。(　　)

答案：×

12.《重要电力用户供电电源及自备应急电源配置技术规范》（GB/Z 29328—2012）规定，重要电力用户均应自行配置自备应急电源，电源容量至少应满足全部保安负荷正常供电的要求。（　　）

答案：×

13.《重要电力用户供电电源及自备应急电源配置技术规范》（GB/Z 29328—2012）规定，重要负荷允许断电时间为毫秒级的，用户应选用满足相应技术条件的静态储能不间断电源或动态储能电源，且采用在线运行的运行方式。（　　）

答案：×

14.《重要电力用户供电电源及自备应急电源配置技术规范》（GB/Z 29328—2012）规定，重要负荷允许断电时间为分钟级的，用户应选用满足相应技术条件的发电机组等电源，可采用手动方式启动自备发电机。（　　）

答案：√

15.《重要电力用户供电电源及自备应急电源配置技术规范》（GB/Z 29328—2012）规定，自备应急电源容量需求为百兆瓦级的，用户应选用满足相应技术条件的独立于电网的自备电厂等自备应急电源。（　　）

答案：×

16.《重要电力用户供电电源及自备应急电源配置技术规范》（GB/Z 29328—2012）规定，自备应急电源容量需求为百千瓦级的，用户应选用满足相应技术条件的大容量静态储能不间断电源（如UPS）或小型发电机组等自备应急电源。（　　）

答案：×

17.《重要电力用户供电电源及自备应急电源配置技术规范》（GB/Z 29328—2012）规定，自备应急电源容量需求为千瓦级的，用户应选用满足相应技术条件的小容量动态储能电源（如小型移动式UPS、蓄电池、干电池）等自备应急电源。（　　）

答案：×

18.《重要电力用户供电电源及自备应急电源配置技术规范》（GB/Z 29328—2012）规定，对于持续供电时间要求在标准条件下2h以内，对供电质量要求较高的重要负荷，可选用满足相应技术条件的大容量静态储能装置作为自备应急电源。（　　）

答案：√

四、简答题

1.根据《重要电力用户供电电源及自备应急电源配置技术规范》（GB/Z 29328—2012）规定，请简述什么是允许断电时间？

答案：允许断电时间是指电力用户的重要用电负荷所能容忍的最长断电时间。

2.根据《重要电力用户供电电源及自备应急电源配置技术规范》（GB/Z 29328—2012）规定，请简述什么是非电保安措施？

答案：非电保安措施是指为保证安全，用户所采取的非电性质的应急手段和方法。

第三节 高危及重要客户用电安全管理

一、填空题

1.《国家电网公司关于高危及重要客户用电安全管理工作的指导意见》(国家电网营销〔2016〕163号)制定的目的是进一步规范公司系统高危及重要客户的用电安全管理工作，全面落实“__________、__________、__________、__________”四到位的工作要求，维护正常供用电秩序，指导、帮助和督促客户提高用电安全管理水平。

答案：服务　　通知　　报告　　督导

2.《国家电网公司关于高危及重要客户用电安全管理工作的指导意见》规定，各单位应严格按照《重要电力用户供电电源及自备应急电源配置技术规范》中关于重要电力用户的相关定义，规范开展高危及重要客户的定级工作，确保名单的__________，避免出现客户重要性等级与实际不符的情况。

答案：准确性

3.《国家电网公司关于高危及重要客户用电安全管理工作的指导意见》规定，高危及重要客户名单应以政府主管部门批复为准，各单位要完善名单的__________，积极协助政府主管部门做好高危及重要客户__________工作。

答案：台账管理　　审核认定

4.《国家电网公司关于高危及重要客户用电安全管理工作的指导意见》规定，各单位要建立健全高危及重要客户名单__________，对于高危及重要客户的新增、销户或重要性等级变更信息，应在变更后__________个工作日内向政府主管部门进行报告，同时抄报国网营销部。

答案：动态管理制度　　10

5.《国家电网公司关于高危及重要客户用电安全管理工作的指导意见》规定，各单位要合理制定高危及重要客户检查周期，确保及时发现__________。

答案：各类供用电隐患

6.《国家电网公司关于高危及重要客户用电安全管理工作的指导意见》规定，临时性高危及重要客户根据其__________开展用电检查工作。

答案：现场实际用电需要

7.《国家电网公司关于高危及重要客户用电安全管理工作的指导意见》规定，控股和代管县域的高危及重要客户的用电检查工作应与__________执行同等标准。

答案：直供直管客户

8.《国家电网公司关于高危及重要客户用电安全管理工作的指导意见》规定，各单位应合理调配用电检查人力资源，周密制订__________检查计划，明确检查任务，落实人员责任，确保检查计划落实到位。

答案：月度

9.《国家电网公司关于高危及重要客户用电安全管理工作的指导意见》规定，要紧密结合工作实际，在__________、__________、迎峰度夏、迎峰度冬等重要时期制订专项检查计划，确保重要时期的供用电安全。

答案：重要节假日　　重大活动

10.《国家电网公司关于高危及重要客户用电安全管理工作的指导意见》规定，各单位要认真做好＿＿＿＿＿工作，对于检查发现的用电安全缺陷隐患，应开具《用电检查结果通知单》一式两份，一份交客户留存，一份由客户签收后带回存档备查。

答案：缺陷隐患告知

11.《国家电网公司关于高危及重要客户用电安全管理工作的指导意见》规定，对于客户拒绝签收《用电检查结果通知单》的，应通过＿＿＿＿＿、＿＿＿＿＿等具有法律效力的形式正式送达客户，确保通知到位、不存遗漏。

答案：函件　　挂号信

12.《国家电网公司关于高危及重要客户用电安全管理工作的指导意见》规定，各单位要严格规范隐患报备管理，各单位要建立完善高危及重要客户＿＿＿＿＿缺陷隐患，主动为客户提供技术支持，持续督促客户落实整改措施。同时加强与政府主管部门沟通协调，借助政府力量推进客户缺陷隐患整改工作，确保督导到位、促进整改。

答案：台账管理制度

13.《国家电网公司关于高危及重要客户用电安全管理工作的指导意见》规定，各单位要严格规范高危及重要客户供用电合同管理，对于＿＿＿＿＿的高危及重要客户，严格按照＿＿＿＿＿签订供用电合同，明晰供用电双方权利义务，确保合同签订、审核、归档全覆盖，有效规避管理上的法律风险。

答案：新入网　　格式文本

14.《国家电网公司关于高危及重要客户用电安全管理工作的指导意见》规定，各单位应严格按照＿＿＿＿＿的要求建立高危及重要客户管理台账，全面完善高危及重要客户的供电电源、自备电源配置和设备运行健康情况等内容，结合日常用电检查工作发现的情况及时更新相关信息。

答案：一户一档

15.《国家电网公司关于高危及重要客户用电安全管理工作的指导意见》规定，对高危及重要客户申请新装、增容，应严格按照有关规定制订供电方案，严把设计审核、＿＿＿＿＿及＿＿＿＿＿环节。对于存在供用电安全隐患的客户，原则上＿＿＿＿＿。确有特殊原因的，应具备由＿＿＿＿＿政府主管部门出具的书面函件，并报省（自治区、直辖市）电力公司营销部确认。

答案：中间检查　　竣工验收　　不予接电　　市级及以上

16.《国家电网公司关于高危及重要客户用电安全管理工作的指导意见》规定，对客户产权供用电设施，要定期组织开展用电安全检查，按照＿＿＿＿＿要求履行安全管理责任，严禁擅自操作客户＿＿＿＿＿。

答案：四到位　　产权设备

17.《国家电网公司关于高危及重要客户用电安全管理工作的指导意见》规定，在保证电网运行安全前提下，充分尊重客户自主选择安装备自投等安全自动装置的意愿，不得________客户禁用备自投等安全自动装置，有效防控和规避________。

答案：强制　　责任风险

二、不定项选择题

1.《国家电网公司关于高危及重要客户用电安全管理工作的指导意见》中对高危及重要客户检查周期的规定，以下说法正确的是（　　）。

A.特级高危及重要客户每1个月至少检查1次

B.特级高危及重要客户每3个月至少检查1次

C.一级高危及重要客户每3个月至少检查1次

D.二级高危及重要客户每6个月至少检查1次

答案：BCD

2.《国家电网公司关于高危及重要客户用电安全管理工作的指导意见》规定，各单位要严格遵守用电检查有关规定，对客户现场的（　　）等内容开展检查。

A.自备应急电源配备及使用情况　　B.备用电源配备及使用情况

C.电气设备运行状况　　D.用电行为合法合规情况

答案：ACD

3.《国家电网公司关于高危及重要客户用电安全管理工作的指导意见》规定，要结合季节性特点，有针对性地增加（　　）、防污等检查内容，做到检查到位、不留死角。

A.防雷　　B.防尘

C.防汛　　D.防冻

答案：ACD

4.《国家电网公司关于高危及重要客户用电安全管理工作的指导意见》规定，各单位要严格规范隐患报备管理，对于客户的（　　）配置不到位等可能导致电力中断的用电安全缺陷隐患，由各地市（地区、州、盟）供电企业进行汇总，每季度末前函报政府主管部门，确保报备到位、防范风险。

A.供电电源　　B.自备应急电源

C.保安电源　　D.备用电源

答案：AB

5.《国家电网公司关于高危及重要客户用电安全管理工作的指导意见》规定，各单位要积极会同本单位法律部门及专业人员，严格审核供电方式、（　　）等重要条款内容，确保供用电双方的法律责任得到充分体现。

A.自备应急电源及非电保安措施　　B.违约责任

C.产权分界点及责任划分　　D.电能质量

答案：ABCD

6.《国家电网公司关于高危及重要客户用电安全管理工作的指导意见》规定，应按照“一户一案”的原则，制定高危及重要客户保电预案，细化事故应急措施，积极开展电网侧应急演练，同时督促并协助客户开展应急演练，强化客户在（　　）下的风险应对能力。

A.停电状态　　　　　　　　　　　B.事故状态

C.突发情况　　　　　　　　　　　D.特殊时期

答案：B

7.《国家电网公司关于高危及重要客户用电安全管理工作的指导意见》规定，对高危及重要客户申请新装、增容，应严格按照有关规定制订供电方案，严把（　　）环节。

A.设计审核　　　　　　　　　　　B.中间检查

C.竣工验收　　　　　　　　　　　D.装表接电

答案：ABC

8.《国家电网公司关于高危及重要客户用电安全管理工作的指导意见》规定，各单位不得对客户产权范围内安全管理责任大包大揽，有效防范公司（　　）风险。

A.安全责任　　　　　　　　　　　B.管理责任

C.安全管理　　　　　　　　　　　D.法律责任

答案：C

9.《国家电网公司关于高危及重要客户用电安全管理工作的指导意见》规定，各单位要加强公司产权范围内供电设施的运行维护，严格执行巡回检查制度，及时（　　）供电隐患，最大限度降低因供电故障导致的客户停电次数，为客户提供安全稳定供电。

A.发现　　　　　　　　　　　　　B.防范

C.消除　　　　　　　　　　　　　D.消缺

答案：AC

三、判断题

1.各单位应严格按照《重要电力用户供电电源及自备应急电源配置技术规范》中关于重要电力用户的相关定义，规范开展高危及重要客户的定级工作，确保名单的正确性，避免出现客户重要性等级与实际不符的情况。（　　）

答案：×

2.《国家电网公司关于高危及重要客户用电安全管理工作的指导意见》规定，高危及重要客户名单应以电力管理部门批复为准，各单位要完善名单的台账管理，积极协助政府主管部门做好高危及重要客户名单审核认定工作。（　　）

答案：×

3.《国家电网公司关于高危及重要客户用电安全管理工作的指导意见》规定，临时性高危及重要客户根据其现场实际用电需要开展用电检查工作。（　　）

答案：√

4.《国家电网公司关于高危及重要客户用电安全管理工作的指导意见》规定，各单位要根据现场检查的实际情况，按期填写营销分析与辅助决策系统的用电安全报表，严格执行报表审核制度，严禁报表填报过程中存在弄虚作假行为，确保报表数据准确无误。（　　）

答案：√

5.《国家电网公司关于高危及重要客户用电安全管理工作的指导意见》规定，各单位要严格遵守用电检查有关规定，对客户现场的供电电源及自备应急电源的配备及使用情况、电气设备运行状况、用电行为合法合规情况等内容开展检查。（　　）

答案：×

6.《国家电网公司关于高危及重要客户用电安全管理工作的指导意见》规定，各单位要加强与政府主管部门沟通协调，借助政府力量推进客户缺陷隐患整改工作，确保通知到位、促进整改。（　　）

答案：×

四、简答题

1.《国家电网公司关于高危及重要客户用电安全管理工作的指导意见》规定，对现有高危及重要客户排查的内容有哪些？

答案：现有高危及重要客户定级是否准确；供电电源配置与重要性等级是否匹配；是否配置自备应急电源；各应急电源容量和启动时间是否满足需求；自备应急电源闭锁装量的运行状况；对供电电源及自备应急电源配置隐患问题是否做到“服务、通知、报告、督导”到位率100%。

2.《国家电网公司关于高危及重要客户用电安全管理工作的指导意见》规定，高危及重要客户专项排查应对措施是什么？

答案：对定级不准确的，及时向政府报告变更高危及重要客户名单：对供电电源和自备应急电源配置不到位，以及自备应急电源容量、启动时间、闭锁装置不能满足安全运行需求等用电安全隐患问题，严格落实“四到位”工作要求，逐条函报政府主管部门，确保报备到位、防范风险；对因供电侧原因造成供电电源配置不到位的，应制定具体措施限期整改。

3.《国家电网公司关于高危及重要客户用电安全管理工作的指导意见》规定，高危及重要客户供用电合同专项清理包括哪些内容？

答案：合同是否签订并妥善保管；合同是否为标准格式；合同主体是否变动；供电方式、自备应急电源及非保安措施、产权分界点及责任划分、电能质量、违约责任等重要条款内容是否准确完备。

第四节　国家电网公司重要保电事件（客户侧）处置应急预案

一、填空题

1.《国家电网公司重要保电事件（客户侧）处置应急预案》（国家电网营销〔2016〕262号）规定，各分部、省（自治区、直辖市）电力公司应参照国家电网公司重要保电事件（客户侧）处置应急预案内容和要求，制订本单位的重要保电事件（客户侧）处置应急预案，建立__________、__________，与各级地方政府相衔接的保电事件客户侧应急处置工作体系。

答案：自上而下　　分级负责

2.《国家电网公司重要保电事件（客户侧）处置应急预案》规定，重要保电事件客户侧应急处置的基本原则要求贯彻__________的思想，树立常备不懈的观念，防患于未然。增强忧患意识，坚持__________与__________相结合，做好重要保电事件客户侧应急处置的各项准备工作。

答案：预防为主　　常态　　非常态

3.《国家电网公司重要保电事件（客户侧）处置应急预案》规定，把__________作为首要任务，确保重要保电事件的客户用电安全，提供电力应急支援，最大程度减少停电造成的各类危害。

答案：保障客户可靠用电

4.《国家电网公司重要保电事件（客户侧）处置应急预案》规定，根据保电事件的__________和__________，将重要保电事件分为四级。

答案：重要程度　　影响范围

5.《国家电网公司重要保电事件（客户侧）处置应急预案》规定，特别重大保电事件是指国家承办举办特别重大的政治、经济、文化、体育等活动，以及特别重大突发事件处置，需要公司协调解决__________或__________的事件，以及公司确定的保电事件。

答案：电力供应保障　　支援

6.《国家电网公司重要保电事件（客户侧）处置应急预案》规定，公司营销部的职责是负责组织重要保电事件期间__________和支援客户应急发电设备的调配工作，协调相关部室参与重要保电事件客户侧应急处置工作。

答案：客户安全用电服务

7.《国家电网公司重要保电事件（客户侧）处置应急预案》规定，分部和省公司应密切注意__________发布的重要活动、特殊时期或突发事件等信息，掌握重要保电事件客户侧风险有关信息，及时上报公司相关职能部门及应急办公室。

答案：政府

8.《国家电网公司重要保电事件（客户侧）处置应急预案》规定，公司应急办公室或有关职能部门根据__________电网运行及电力供应趋势，预警行动效果，提出对预警级别调整的建议，报公司应急领导小组批准后发布。

答案：预警阶段

9.《国家电网公司重要保电事件（客户侧）处置应急预案》规定，当国家应急管理部门或国家电力主管部门发布预警结束通知或经过预警行动后，事态发展已经得到控制且__________时，可以结束预警。

答案：不满足预警条件

10.《国家电网公司重要保电事件（客户侧）处置应急预案》规定，公司密切关注事件情况及分部和省公司__________效果，责成各职能部门布置重要保电事件应急处置各项前期准备工作。

答案：先期处置

11.《国家电网公司重要保电事件（客户侧）处置应急预案》规定，分部和省公司向公司重要保电事件客户侧应急处置办公室报告重要保电事件进展及发展趋势，__________、__________、应急装备需求等情况。

答案：应急抢修队伍　应急物资

12.《国家电网公司重要保电事件（客户侧）处置应急预案》规定，重要保电事件客户侧恢复方案制订应贯彻“__________、__________”原则。

答案：保障供应　　重点支援

13.《国家电网公司重要保电事件（客户侧）处置应急预案》规定，在公司系统现有用电检查、电力调度、抢修维护力量的基础上，按照__________的原则，建立快速反应机制，组建应急抢修队伍。

答案：平战结合

14.《国家电网公司重要保电事件（客户侧）处置应急预案》规定，重要保电事件客户侧应急队伍保障要求建立公司及分部及省公司__________级应急专家库，为应急抢修和救援提供技术支撑。

答案：二

15.《国家电网公司重要保电事件（客户侧）处置应急预案》规定，重要保电事件客户侧应急处置队伍保障要求加强应急技能培训，提高应急装备水平，定期开展__________。

答案：应急演练

二、不定项选择题

1.《国家电网公司重要保电事件（客户侧）处置应急预案》规定，重要保电事件客户侧应急处置的基本原则是（　　），快速响应、协同应对，依靠科技、提升素质。

A.统一领导、分级负责　　B.保障用电、减少危害

C.居安思危、预防为主　　D.安全第一，预防为主

答案：ABC

2.《国家电网公司重要保电事件（客户侧）处置应急预案》规定，落实党中央、国务院的部署，在公司的统一领导下，按照（　　）的要求，开展重要保电事件客户侧应急处置工作。

A.综合协调、分级管理、分类负责、属地为主

B.统一协调、分级管理、分类负责、属地为主

C.统一协调、分类管理、分级负责、属地为主

D.综合协调、分类管理、分级负责、属地为主

答案：D

3.《国家电网公司重要保电事件（客户侧）处置应急预案》规定，充分发挥公司集团化优势，建立健全“（　　）”快速响应机制，加强与政府的沟通协作，整合内外部应急资源，协同开展重要保电事件客户侧应急处置工作。

A.上下贯通，区域协同　　B.上下贯通，区域协作

C.上下联动，区域协同　　　　　　D.上下联动，区域协作

答案：D

4.《国家电网公司重要保电事件（客户侧）处置应急预案》规定，重要保电事件客户侧应急处置的基本原则要求加强重要保电事件客户侧应急处置科学技术研究和开发，采用先进的（　　）技术，充分发挥公司专家队伍和专业人员的作用，提高重要保电事件客户侧应急处置的能力。

A.监测预警　　　　　　B.预防预控

C.数据分析　　　　　　D.应急处置

答案：AD

5.《国家电网公司重要保电事件（客户侧）处置应急预案》规定，根据保电事件的重要程度和影响范围，将重要保电事件分为（　　）四级。

A.特级、一级、二级及临时　　　　B.特别重大、重大、较大及一般

C.一级、二级、三级及四级　　　　D.特级、一级、二级及三级

答案：B

6.《国家电网公司重要保电事件（客户侧）处置应急预案》规定，重大保电事件是指国家承办举办特别重大的（　　）等活动，以及特别重大突发事件处置，需要公司协调解决电力供应保障或支援的事件。

A.政治　　　　　　B.经济

C.文化　　　　　　D.体育

答案：ABCD

7.《国家电网公司重要保电事件（客户侧）处置应急预案》规定，公司重要保电事件客户侧应急处置办公室的职责是（　　）。

A.落实重要保电事件处置领导小组布置的各项工作，并向重要保电事件处置领导小组汇报有关应急处置工作

B.开展信息搜集、统计汇总、上报工作

C.组织领导本单位经营区域内重要保电事件客户侧应急处置工作

D.协助发布有关信息

答案：ABD

8.《国家电网公司重要保电事件（客户侧）处置应急预案》规定，分部和省公司应急指挥机构的职责有（　　）。

A.接受公司重要保电事件客户侧应急处置办公室的领导，落实布置各项工作

B.接受地方政府领导，组织力量参加社会应急救援工作

C.协助发布有关信息

D.开展信息搜集、统计汇总、上报工作

答案：AB

9.《国家电网公司重要保电事件（客户侧）处置应急预案》规定，公司有关职能部门及应急办公室应密切监测（　　）的风险。

A.重大活动　　　　　　B.重大事件

C.突发事件　　　　　　　　D.客户用电设备可能存在安全隐患

答案：ABD

10.《国家电网公司重要保电事件（客户侧）处置应急预案》规定，各分部和省公司发现、获得重要保电事件客户侧风险隐患后，应及时分别向（　　）上报。

A.公司应急办公室　　　　　B.公司应急领导小组

C.政府相关部门　　　　　　D.有关职能部门

答案：AD

11.《国家电网公司重要保电事件（客户侧）处置应急预案》规定，重要保电事件预警等级分为（　　）。

A.特级、一级、二级和临时　B.特别重大、重大、较大和一般

C.一级、二级、三级和四级　D.特级、一级、二级和三级

答案：C

12.《国家电网公司重要保电事件（客户侧）处置应急预案》规定，重要保电事件预警等级依次用（　　）表示，一级为最高级别。

A.红色、紫色、黄色和蓝色　B.红色、橙色、蓝色和绿色

C.红色、黄色、蓝色和绿色　D.红色、橙色、黄色和蓝色

答案：D

13.《国家电网公司重要保电事件（客户侧）处置应急预案》规定，出现（　　）情况，为二级预警。

A.国家应急管理部门发布重要保电二级预警

B.经公司相关部门综合分析，可能发生较大保电事件者

C.公司应急领导小组根据重要保电事件风险监控情况、可能危害程度和社会影响等综合因素，研究发布二级预警

D.国家电力主管部门发布重要保电二级预警

答案：ACD

14.《国家电网公司重要保电事件（客户侧）处置应急预案》规定，出现（　　）情况，为一级预警。

A.国家应急管理部门发布重要保电一级预警

B.经公司相关部门综合分析，可能发生特别重大保电事件者

C.公司应急领导小组根据重要保电事件风险监控情况、可能危害程度和社会影响等综合因素，研究发布一级预警

D.国家电力主管部门发布重要保电一级预警

答案：ABCD

15.《国家电网公司重要保电事件（客户侧）处置应急预案》规定，出现（　　）情况，为三级预警。

A.国家应急管理部门发布重要保电三级预警

B.经公司相关部门综合分析，可能发生重大保电事件者

C.公司应急领导小组根据重要保电事件风险监控情况、可能危害程度和社会影响等

综合因素，研究发布三级预警

D.国家电力主管部门发布重要保电三级预警

答案：ACD

16.《国家电网公司重要保电事件（客户侧）处置应急预案》规定，出现（　　）情况，为四级预警。

A.国家应急管理部门发布重要保电四级预警

B.经公司相关部门综合分析，可能发生一般保电事件者

C.公司应急领导小组根据重要保电事件风险监控情况、可能危害程度和社会影响等综合因素，研究发布四级预警

D.国家电力主管部门发布重要保电四级预警

答案：ABCD

17.《国家电网公司重要保电事件（客户侧）处置应急预案》规定，重要保电事件客户侧风险预警信息内容包括重要事件的（　　）、可能影响范围、警示事项、应采取的措施和发布机关等。

A.类别　　　　B.预警级别

C.预警期　　　　D.风险程度

答案：ABC

18.《国家电网公司重要保电事件（客户侧）处置应急预案》规定，根据重要保电事件可能影响范围、严重程度、紧迫性，预警信息由公司应急办公室通过（　　）等固定方式及时发布。

A.传真　　　　B.信件

C.安全监督与管理系统　　　　D.新闻媒体

答案：AC

19.《国家电网公司重要保电事件（客户侧）处置应急预案》规定，公司有关职能部门根据职责分工督促分部和省公司做好组织（　　）等准备工作，督促客户用电安全服务、异常情况处置和相关信息披露准备。

A.应急抢修　　　　B.应急物资

C.应急电源　　　　D.交通运输

答案：ABCD

20.《国家电网公司重要保电事件（客户侧）处置应急预案》规定，公司应急办公室或有关职能部门根据预警阶段（　　）提出对预警级别调整的建议，报公司应急领导小组批准后发布。

A.电网运行趋势　　　　B.预警行动效果

C.异常处置情况　　　　D.电力供应趋势

答案：ABD

21.《国家电网公司重要保电事件（客户侧）处置应急预案》规定，以下（　　）情况下可以结束预警。

A.当国家应急管理部门发布预警结束通知

B.经过预警行动后，事态发展已经得到控制且不满足预警条件

C.当国家电力主管部门发布预警结束通知

D.经过预警行动后，风险已经全部消除

答案：ABC

22.《国家电网公司重要保电事件（客户侧）处置应急预案》规定，公司有关职能部门（　　）相关应急力量，保证客户用电可靠，督促分部和省公司做好应急支援工作。

A.通知　　B.组织

C.指挥　　D.调度

答案：BCD

23.《国家电网公司重要保电事件（客户侧）处置应急预案》规定，公司重要保电事件处置领导小组或公司相关领导（未成立重要保电事件处置领导小组时）根据（　　）等综合因素，按照事件分级条件，决定是否调整响应级别。

A.事件危害程度　　B.处理情况

C.救援恢复能力　　D.社会影响

答案：ACD

24.《国家电网公司重要保电事件（客户侧）处置应急预案》规定，终止事件响应，需要同时满足（　　）条件。

A.国家、社会重要活动结束　　B.国家、社会严重自然灾害结束

C.特殊时期结束　　D.突发事件结束

答案：ABCD

25.《国家电网公司重要保电事件（客户侧）处置应急预案》规定，分部和省公司向公司重要保电事件客户侧应急处置办公室报告本单位重要保电事件客户侧应急处置工作（　　）应急响应情况。

A.发布　　B.启动

C.调整　　D.结束

答案：BCD

26.《国家电网公司重要保电事件（客户侧）处置应急预案》规定，重要保电事件发生后，分部和省公司向公司重要保电事件客户侧应急处置办公室报告的重要内容有（　　）。

A.重要保电事件发生时间、地点和范围　　B.对电网、客户的影响

C.已经采取的措施　　D.保电工作开展情况

答案：ABC

三、判断题

1.《国家电网公司重要保电事件（客户侧）处置应急预案》规定，重要保电事件客户侧应急处置的基本原则是统一领导、分级负责，保障供电、减少危害，居安思危、预防为主，快速响应、协同应对，依靠科技、提升素质。（　　）

答案：√

2.《国家电网公司重要保电事件（客户侧）处置应急预案》规定，公司办公厅的职责是负责应急处置过程中根据有关规定向政府部门和相关单位报送突发事件信息，协调做好维护稳定等工作。（　　）

答案：√

3.《国家电网公司重要保电事件（客户侧）处置应急预案》规定，公司财务部的职责是负责重要保电事件客户侧应急处置相关物资供应工作。（　　）

答案：×

4.《国家电网公司重要保电事件（客户侧）处置应急预案》规定，公司安质部的职责是负责重要保电事件电网侧应急处置过程中的安全监督管理工作。（　　）

答案：×

5.《国家电网公司重要保电事件（客户侧）处置应急预案》规定，公司运检部的职责是负责为重要保电事件期间客户用电应急支援和抢修恢复工作提供必要的技术和人员支持。（　　）

答案：√

6.《国家电网公司重要保电事件（客户侧）处置应急预案》规定，公司物资部的职责是负责重要保电事件客户侧应急处置相关物资供应工作。（　　）

答案：√

7.《国家电网公司重要保电事件（客户侧）处置应急预案》规定，公司国调中心的职责是负责重要保电事件期间客户运行方式和电力调度。（　　）

答案：√

8.《国家电网公司重要保电事件（客户侧）处置应急预案》规定，当国家应急管理部门或国家电力主管部门发布预警结束通知或经过预警行动后，事态发展已经得到控制时，可以结束预警。（　　）

答案：×

9.《国家电网公司重要保电事件（客户侧）处置应急预案》规定，重要保电事件符合较大或一般事件标准，公司应急领导小组研究决定成立公司重要保电事件处置领导小组和客户侧应急处置办公室，并宣布公司的客户侧重要保电事件级别。（　　）

答案：×

10.《国家电网公司重要保电事件（客户侧）处置应急预案》规定，重要保电事件符合特别重大或重大事件标准，公司应急领导小组研究决定成立公司重要保电事件处置领导小组和客户侧应急处置办公室，并宣布公司的客户侧重要保电事件级别。（　　）

答案：√

11.《国家电网公司重要保电事件（客户侧）处置应急预案》规定，重要保电事件符合较大或一般事件标准，公司应急领导小组研究决定由应急公室或专业职能部门跟踪、督导分部和省公司开展应急处置工作。（　　）

答案：√

12.《国家电网公司重要保电事件（客户侧）处置应急预案》规定，公司重要保电事件处置领导小组或公司相关领导（未成立重要保电事件处置领导小组时）根据事件危害

程度、救援恢复能力和社会影响等用户因素，按照事件分级条件，决定是否调整响应级别。(　　)

答案：√

13.《国家电网公司重要保电事件（客户侧）处置应急预案》规定，二级及以上重要保电事件由公司重要保电事件处置领导小组研究决定终止事件响应，并发布终止命令。(　　)

答案：√

14.《国家电网公司重要保电事件（客户侧）处置应急预案》规定，三级及以下重要保电事件由公司重要保电事件处置领导小组根据分部和省公司重要保电事件处置效果，报请公司分管领导批准后终止事件响应。(　　)

答案：√

15.《国家电网公司重要保电事件（客户侧）处置应急预案》规定，分部和省公司向公司重要保电事件客户侧应急处置领导小组报告本单位重要保电事件客户侧应急处置工作启动、调整和结束应急响应情况。(　　)

答案：×

16.《国家电网公司重要保电事件（客户侧）处置应急预案》规定，分部和省公司向公司职能部门汇报综合信息，向公司应急办公室和公司总值班室报告专业信息。(　　)

答案：×

17.《国家电网公司重要保电事件（客户侧）处置应急预案》规定，国家、社会重要活动、特殊时期结束，严重自然灾害、突发事件得到控制或者消除后，各单位应当及时终止应急处置措施，着手现场恢复工作，恢复正常状态。(　　)

答案：√

18.《国家电网公司重要保电事件（客户侧）处置应急预案》规定，重要保电事件客户侧应急处置通信与信息保障要求公司系统各单位应以公司常规通信资源和公司公共通信资源为主，应急通信系统为辅，保证应急指挥和现场抢险救援的通信畅通，信息传输及时无误。(　　)

答案：√

四、简答题

1.《国家电网公司重要保电事件（客户侧）处置应急预案》规定，重要保电事件是如何分级的？什么是特别重大保电事件与重大保电事件？

答案：根据保电事件的重要程度和影响范围，将重要保电事件分为特别重大、重大、较大及一般四级。

特别重大保电事件是指国家承办举办特别重大的政治、经济、文化、体育等活动，以及特别重大突发事件处置，需要公司协调解决电力供应保障或支援的事件，以及公司确定的保电事件。

重大保电事件是指重大国家承办举办重要政治、经济、文化、体育等活动，以及重大突发事件处置，需要公司协调解决电力供应保障或支援的事件。

2.《国家电网公司重要保电事件（客户侧）处置应急预案》规定，什么是较大保电事件与一般保电事件？

答案：较大保电事件是指举办省级重要政治、经济、文化、体育等活动，以及突发事件处置，需要公司协调解决电力供应保障或支援的事件。

一般保电事件是指举办市（州）、县两级重要政治、经济、文化、体育等活动，以及突发事件处置，需要公司协调解决电力供应保障或支援的事件。

3.《国家电网公司重要保电事件（客户侧）处置应急预案》规定，重要保电事件客户侧风险监测的方法和信息收集渠道有哪些？

答案：（1）分部和省公司应密切注意政府发布的重要活动、特殊时期或突发事件等信息，掌握重要保电事件客户侧风险有关信息，及时上报公司相关职能部门及应急办公室。

（2）分部和省公司利用技术监测手段或其他手段，对重要保电事件客户侧风险进行预测分析，及时上报公司相关职能部门及应急办公室。

（3）公司应急办公室、职能部门及下属各单位应与政部门建立相应的重要保电事件客户侧风险监测预报预警制度，实现相关信息的实时共享。

第四章 客户安全用电服务及营销安全防范

第一节　国家电网公司客户安全用电服务若干规定

一、填空题

1. 为加强客户安全用电服务，规范__________，维护正常供用电秩序和保障公共安全，提高安全用电水平，制定《国家电网公司客户安全用电服务若干规定（试行）》（国家电网营销〔2007〕49号）。

答案：用电检查行为

2.《国家电网公司客户安全用电服务若干规定（试行）》规定，各省（自治区、直辖市）公司营销部门负责制定客户安全用电服务的__________和__________，对地市供电公司实行指导监督与管理考核。

答案：管理制度　　工作目标

3.《国家电网公司客户安全用电服务若干规定（试行）》规定，地市供电公司营销部门负责客户安全用电服务工作的业务管理及组织实施，协调__________、__________、__________等部门完成相应专业技术工作。

答案：安全　　生产　　调度

4.《国家电网公司客户安全用电服务若干规定（试行）》规定，客户安全用电服务由客户服务中心__________，内部按职责分工，统筹协调。

答案："一口对外"

5.《国家电网公司客户安全用电服务若干规定（试行）》规定，各专业部门要积极配合，相互协调，确保责任到位，流程通畅。建立为客户安全用电提供技术服务的__________，切实提高服务质量。

答案：专业队伍

6.《国家电网公司客户安全用电服务若干规定（试行）》规定，积极使用先进的__________和__________，为提高客户受电装置安全运行及健康水平提供技术支持。

答案：技术手段　　设备

7.《国家电网公司客户安全用电服务若干规定（试行）》规定，客户受电工程设计的审核应依照国家、行业标准和要求进行，以有关设计安装、试验和运行的标准为依据，积极推行__________，倡导采用降低能耗的先进技术和产品。

答案：典型设计

8.《国家电网公司客户安全用电服务若干规定（试行）》规定，客户服务中心应及时将受电工程设计的审核意见以书面形式反馈给客户，并督促客户按照审核意见对受电工程设计文件进行修改，审核内容包括客户__________及其__________。

答案：自备保安电源　　投入切换装置

9.《国家电网公司客户安全用电服务若干规定（试行）》规定，受电工程设计的审核时间，低压客户不超过__________，高压客户不超过__________。

答案：10天　　1个月

10.《国家电网公司客户安全用电服务若干规定（试行）》规定，客户服务中心负责组织实施客户受电装置安全服务的具体工作。按照国家颁布的《电气设备预防性试验规程》《继电保护检验规程》等技术规程或技术标准，建立__________安全服务档案。

答案：客户受电装置

11.《国家电网公司客户安全用电服务若干规定（试行）》规定，与电网相连接的客户进线继电保护和安全自动装置（包括备自投电源、同期并列、低周减载等）的服务是客户安全服务的重要工作内容，由__________统一组织实施。

答案：客户服务中心

12.《国家电网公司客户安全用电服务若干规定（试行）》规定，用电安全检查分为__________、__________和__________。定期检查可以与专项检查相结合。

答案：定期检查　　专项检查　　特殊性检查

13.《国家电网公司客户安全用电服务若干规定（试行）》规定，定期检查是指根据规定的__________和__________客户实际情况，制订检查计划，并按照计划开展的检查工作。

答案：检查周期　　安全用电

14.《国家电网公司客户安全用电服务若干规定（试行）》规定，对__________电压等级的客户，每年必须开展春、秋季安全专项检查。

答案：10kV及以上

二、不定项选择题

1.《国家电网公司客户安全用电服务若干规定（试行）》中所称的客户安全用电服务包括（　　）。

A.为客户安全用电提供业务指导　　B.为客户安全用电提供技术服务

C.履行用电检查职责　　D.履行安全检查职责

答案：ABC

2.《国家电网公司客户安全用电服务若干规定（试行）》规定，各级营销部门负责客户安全用电服务的归口管理，组织协调（　　）等部门完成用电安全管理过程的业务指导及技术服务工作。

A.安全　　B.生产

C.农电　　D.调度

答案：ABD

3.《国家电网公司客户安全用电服务若干规定（试行）》规定，客户服务中心负责履行用电检查职责，并协调组织专业部门开展客户受电装置试验、消缺，以及继电保护装置和安全自动装置的定值（　　）等技术服务工作。

A.计算　　B.整定

C.传递　　D.校验

答案：ABCD

4.《国家电网公司客户安全用电服务若干规定（试行）》规定，积极向客户宣传国家及电力行业有关安全用电方面的（　　），积极使用先进的技术手段和设备，为提高客户受电装置安全运行及健康水平提供技术支持。

A.技术标准　　B.法规

C.政策　　D.规章制度

答案：ABCD

5.《国家电网公司客户安全用电服务若干规定（试行）》规定，客户服务中心应及时组织安全、生产、调度等相关部门对客户受电工程进行竣工检验。检验的重点是（　　），帮助、指导客户提高用电安全技术管理水平。

A.与电网连接的一次设备安全性能

B.电气设备特性试验

C.受电装置进线保护和自动装置的整定值及其与客户内部保护之间的配合情况

D.保安电源及非电性质的保安措施

E.双电源及保安电源闭锁装置的可靠性

F.保证安全用电的技术措施

G.保证安全用电的组织措施

答案：ABCDEF

6.《国家电网公司客户安全用电服务若干规定（试行）》规定，客户服务中心负责组织实施客户受电装置安全服务的具体工作。对高压供电的客户，以书面形式向客户告知（　　）的试验及检验周期要求，并由客户签收。

A.安全自动装置　　B.保护装置

C.电气设备　　D.受电设备

答案：BC

7.《国家电网公司客户安全用电服务若干规定（试行）》规定，对客户委托的受电装置电气试验、保护及通信装置检验等工作，客户服务中心应立即协调（　　）等专业部门组织安排好相关准备工作，并在3个工作日内将工作安排计划答复客户。

A.生产　　B.调度

C.安全　　D.农电

答案：AB

8.《国家电网公司客户安全用电服务若干规定（试行）》规定，对（　　）等安全隐患，应向客户耐心说明其危害性和整改要求，以书面形式留下整改意见，并由客户签收。

A.客户受电装置存在的缺陷

B.没有及时整改设备缺陷

C.没有按规定的周期进行电气试验

D.没有按规定的周期进行保护检验

答案：ACD

9.《国家电网公司客户安全用电服务若干规定（试行）》规定，客户不实施安全隐患整改并危及电网或公共用电安全的，应立即报告（　　）予以处理，并根据《供用电合同》约定，按照规定程序予以停电。

A.省级以上电力管理部门　　B.当地政府有关部门

C.电力监管机构　　D.供电企业

答案：BC

10.《国家电网公司客户安全用电服务若干规定（试行）》规定，调度部门负责客户进线保护及安全自动装置的定值计算，生产部门负责（　　），用电检查人员负责现场检查，并向客户服务中心报告现场检查的异常情况，客户服务中心统一组织对异常情况的整改处理。

A.现场整定　　B.现场检验

C.定期整定　　D.定期检验

答案：AD

11.《国家电网公司客户安全用电服务若干规定（试行）》规定，低压动力客户定期检查，每（　　）至少检查一次。

A.3年　　B.2年

C.1年　　D.半年

答案：B

12.《国家电网公司客户安全用电服务若干规定（试行）》规定，专项检查的检查重点是（　　）等情况。

A.客户受电装置的防雷情况　　B.设备电气试验情况

C.继电保护和安全自动装置　　D.客户安全隐患整改情况

答案：ABC

13.《国家电网公司客户安全用电服务若干规定（试行）》规定，特殊性检查是指因（　　）或（　　）而开展的用电安全检查。

A.重要保电任务　　B.国家、社会重大活动

C.发生突发事件　　D.其他需要

答案：AD

三、判断题

1.《国家电网公司客户安全用电服务若干规定（试行）》规定，积极向客户宣传国家有关安全用电方面的法规、政策、技术标准及规章制度。（　　）

答案：×

2.《国家电网公司客户安全用电服务若干规定（试行）》规定，在客户受电工程施工期间，用电检查人员应根据设计文件和有关施工及技术标准等，对隐蔽工程进行中间检查及施工质量抽检。及时发现和纠正不符合技术规程要求的施工工艺及质量问题，并以口头方式向客户提出消除安全隐患的指导意见，提高受电工程的施工质量。（　　）

答案：×

3.《国家电网公司客户安全用电服务若干规定（试行）》规定，客户服务中心应及时组织安全、生产、调度等相关部门对客户受电工程进行竣工检验。帮助、指导、督促客户提高用电安全技术管理水平。（　　）

答案：×

4.《国家电网公司客户安全用电服务若干规定（试行）》规定，客户服务中心负责组织实施客户受电装置安全服务的具体工作。主动提供安全用电及发现、消除受电装置缺陷等不安全因素的专业技术指导、咨询和帮助。（　　）

答案：×

5.《国家电网公司客户安全用电服务若干规定（试行）》规定，与电网相连接的客户出线继电保护和安全自动装置的服务是客户安全服务的重要工作内容，由客户服务中心统一组织实施。（　　）

答案：×

6.《国家电网公司客户安全用电服务若干规定（试行）》规定，生产部门负责客户进线保护及安全自动装置的定值计算。（　　）

答案：×

7.《国家电网公司客户安全用电服务若干规定（试行）》规定，生产部门负责现场整定和定期检验，并向客户服务中心报告现场检查的异常情况，客户服务中心统一组织对异常情况的整改处理。（　　）

答案：×

8.《国家电网公司客户安全用电服务若干规定（试行）》规定，调度部门负责审核客户内部继电保护方式与其进线保护方式的相互配合，防止因保护定值配合不当，客户内部保护不正确动作而引发客户越级跳闸事故。（　　）

答案：×

9.《国家电网公司客户安全用电服务若干规定（试行）》规定，低压居民客户，每两年至少检查一次。（　　）

答案：×

四、简答题

1.《国家电网公司客户安全用电服务若干规定（试行）》规定，在客户受电工程施工期间，用电检查人员应做哪些工作？

答案：用电检查人员应根据审核同意的设计文件和有关施工及技术标准等，对隐蔽工程进行中间检查及施工质量抽检，包括电缆沟和隧道，电缆直埋敷设工程，接地装置工程，变压器、断路器等电气设备特性试验等，及时发现和纠正不符合技术规程要求的施工工艺及质量问题，并以书面形式向客户提出消除安全隐患的指导意见，提高受电工程的施工质量。

2.《国家电网公司客户安全用电服务若干规定（试行）》规定，客户受电工程竣工检验，客户服务中心应做哪些工作？

答案：客户服务中心应及时组织安全、生产、调度等相关部门对客户受电工程进行竣工检验。检验的重点是与电网连接的一次设备安全性能，电气设备特性试验，受电装置进线保护和自动装置的整定值及其与客户内部保护之间的配合情况，保安电源及非电性质的保安措施，双电源及保安电源闭锁装置的可靠性，以及保证安全用电的技术措施，帮助、指导客户提高用电安全技术管理水平。

第二节　国家电网公司营销安全风险防范与管理规范（试行）

一、填空题

1.《关于印发国家电网公司营销安全风险防范与管理规范（试行）和国家电网公司营销安全风险防范工作手册（试行）的通知》(国家电网营销〔2009〕138号)用于指导公司各区域电网公司、省（自治区、直辖市）电力公司及所属供电企业，建立营销安全风险防范与管理机制，规范风险防范措施与管理要求，有效__________和__________营销安全风险。

答案：降低　　化解

2.《关于印发国家电网公司营销安全风险防范与管理规范（试行）和国家电网公司营销安全风险防范工作手册（试行）的通知》规定，管理风险是指因__________等原因，引起的现场作业误操作造成设备损坏、人员伤亡等风险。

答案：管理措施缺失

3.《关于印发国家电网公司营销安全风险防范与管理规范（试行）和国家电网公司营销安全风险防范工作手册（试行）的通知》规定，应急处置风险是指因对客户投诉举报处理不当、负面事件化解不力、新闻舆论负面报道应对不及时等原因，引起的__________等风险。

答案：事态扩大

4.《关于印发国家电网公司营销安全风险防范与管理规范（试行）和国家电网公司营销安全风险防范工作手册（试行）的通知》规定，营销自动化安全风险包括系统故障风险、网络安全风险、应用程序风险、__________、__________。

答案：业务数据风险　　运行管理风险

5.《关于印发国家电网公司营销安全风险防范与管理规范（试行）和国家电网公司营销安全风险防范工作手册（试行）的通知》规定，坚持__________原则，根据国家宏观调控及经济运行形势、电力客户经营状况及信誉等级、营销业务处理及管理等情况，按政策性、经营性、管理性原因，对发生营销安全风险的可能性、必然性、变动性和不确定性进行营销安全分析预测，评估风险影响程度，确定相应预警内容，启动相应的措施预案，并及时向上级主管部门报告。

答案：预防为主

6.《关于印发国家电网公司营销安全风险防范与管理规范（试行）和国家电网公司营

销安全风险防范工作手册（试行）的通知》规定，加强业扩报装管理，规范用电安全服务，深化重要客户安全隐患治理，依法签订供用电合同，采取有效措施规避__________。

答案：供用电风险

7.《关于印发国家电网公司营销安全风险防范与管理规范（试行）和国家电网公司营销安全风险防范工作手册（试行）的通知》规定，依法开展用电安全检查，履行__________和__________。

答案：安全检查业务　　隐患告知业务

8.《关于印发国家电网公司营销安全风险防范与管理规范（试行）和国家电网公司营销安全风险防范工作手册（试行）的通知》规定，严格执行《国家电网公司客户安全用电服务若干规定（试行）》，深化重要客户隐患治理，及时发现用电安全隐患，规范开具隐患整改通知单，并及时向__________报告，采取有效措施督促客户整改。

答案：政府相关部门

9.《关于印发国家电网公司营销安全风险防范与管理规范（试行）和国家电网公司营销安全风险防范工作手册（试行）的通知》规定，依法与客户签订供用电合同，确保合同合法、有效。严格按照规定的程序实施停限电，科学、合理编制__________、__________，并报政府电力主管部门批准，有效降低供电企业的法律风险。

答案：有序用电方案　　限电序位表

二、不定项选择题

1.为深入贯彻“安全第一、预防为主、综合治理”方针，加强营销安全风险防范与管理，防止（　　）的发生，制定《关于印发国家电网公司营销安全风险防范与管理规范（试行）和国家电网公司营销安全风险防范工作手册（试行）的通知》。

A.营销安全　　　　B.经济事故

C.用电安全　　　　D.人身伤亡事故

答案：AB

2.《关于印发国家电网公司营销安全风险防范与管理规范（试行）和国家电网公司营销安全风险防范工作手册（试行）的通知》规定，根据营销业务特点，营销安全风险归类为供用电安全风险、电费安全风险、（　　）和营销自动化风险。

A.电费安全风险　　　　B.业扩管理安全风险

C.现场作业安全风险　　　　D.供电服务安全风险

答案：CD

3.《关于印发国家电网公司营销安全风险防范与管理规范（试行）和国家电网公司营销安全风险防范工作手册（试行）的通知》规定，供用电安全风险是指在电力供应与使用过程中，因（　　）、未依法签订并履行供用电合同等原因，引起的客户设备损坏、人身伤亡、异常停电等安全用电事故风险。

A.业扩报装管理不规范

B.客户电气设备带缺陷运行

C.重要客户安全隐患未及时有效治理

D.客户电气设备带缺陷接入电网

答案：ABC

4.《关于印发国家电网公司营销安全风险防范与管理规范（试行）和国家电网公司营销安全风险防范工作手册（试行）的通知》规定，业扩管理风险是指因用电项目审核不严、客户重要负荷审核不准确、供电方案编制不合理、受电工程设计审核不到位、中间检查和竣工检验不规范等原因，引起的（　　）等风险。

A.重要客户供电方式不符合安全可靠性要求

B.客户受电装置带隐患接入电网

C.客户受电装置带隐患运行

D.重要客户供电中断、突发停电不能有序应对

答案：AB

5.《关于印发国家电网公司营销安全风险防范与管理规范（试行）和国家电网公司营销安全风险防范工作手册（试行）的通知》规定，安全用电服务风险是指因未履行用电检查责任、客户拒绝整改安全隐患、保供电方案不完善等原因，引起的（　　）等风险。

A.保供电任务不能圆满完成

B.客户受电装置带隐患接入电网

C.客户受电装置带隐患运行

D.重要客户供电中断、突发停电不能有序应对

答案：AC

6.《关于印发国家电网公司营销安全风险防范与管理规范（试行）和国家电网公司营销安全风险防范工作手册（试行）的通知》规定，重要客户安全风险是指因（　　）等原因，引起的重要客户供电中断、突发停电不能有序应对等风险。

A.重要客户备用电源和自备应急电源配置不到位

B.停限电操作不规范

C.非电性质保安措施不完备

D.隐患排查和治理不彻底

答案：ACD

7.《关于印发国家电网公司营销安全风险防范与管理规范（试行）和国家电网公司营销安全风险防范工作手册（试行）的通知》规定，电费安全风险是指在电费管理过程中，因国内外经济形势变化、（　　）等原因，引起的电费纠纷、电费差错、电费欠收等风险。

A.抄核收管理不规范　　　　B.电价政策执行错误

C.客户经营状况不良　　　　D.社会代理收费机构拒收客户现金缴纳电费

答案：ABD

8.《关于印发国家电网公司营销安全风险防范与管理规范（试行）和国家电网公司营销安全风险防范工作手册（试行）的通知》规定，现场作业安全风险是指在（　　）等现场作业过程中，因管理措施不到位、违反现场安全操作规定、错接线等原因，引起的人身伤害、设备损坏、计量差错等风险。

A.装表接电　　　　B.用电检查

C.抄表收费　　　　　　　　　　　　D.计量装置现场检验或故障处理

答案：ABD

9.《关于印发国家电网公司营销安全风险防范与管理规范（试行）和国家电网公司营销安全风险防范工作手册（试行）的通知》规定，装拆风险是指因装拆计量装置工作中发生走错工作间隔、（　　）等原因，引起的人身触电伤亡、二次回路开路或短路故障、计量差错等风险。

A.接线错误

B.电能计量装置现场检验或故障处理不到位

C.带电操作

D.电能计量装置参数及电能表底度确认失误

答案：ACD

10.《关于印发国家电网公司营销安全风险防范与管理规范（试行）和国家电网公司营销安全风险防范工作手册（试行）的通知》规定，现场检验风险是指因走错工作间隔、装设临时电源不当、（　　）等原因，引起的人身触电、高坠伤亡、开路或短路故障造成设备损坏等风险。

A.试验接线不慎　　　　　　　　　　B.登高操作不慎

C.错接线　　　　　　　　　　　　　D.互感器现场检验防护缺失

答案：ABD

11.《关于印发国家电网公司营销安全风险防范与管理规范（试行）和国家电网公司营销安全风险防范工作手册（试行）的通知》规定，电能计量异常处置风险是指因（　　）等原因，引起的电量损失、客户投诉等风险。

A.现场校验结果确认不当　　　　　　B.故障与异常情况未经客户有效确认

C.窃电处置不当　　　　　　　　　　D.违约用电处置不当

答案：ABCD

12.《关于印发国家电网公司营销安全风险防范与管理规范（试行）和国家电网公司营销安全风险防范工作手册（试行）的通知》规定，客户服务安全风险指由于（　　）等原因，引起的客户投诉、新闻媒体曝光、群体性上访事件等风险。

A.供电服务人员服务及法律意识淡薄　B.供电服务不到位

C.突发服务事件处理不当　　　　　　D.服务技能欠缺

答案：ABC

13.《关于印发国家电网公司营销安全风险防范与管理规范（试行）和国家电网公司营销安全风险防范工作手册（试行）的通知》规定，服务质量风险是指因（　　）、擅自增加收费项目或提高收费标准、业务办理超过规定的时限、停电公告不及时等原因，引起的客户投诉风险。

A.信息披露不及时　　　　　　　　　B.客户受电工程“三指定”

C.客户服务推诿　　　　　　　　　　D.供电服务不到位

答案：ABC

14.《关于印发国家电网公司营销安全风险防范与管理规范（试行）和国家电网公司

营销安全风险防范工作手册（试行）的通知》规定，各网省公司营销部是营销安全风险防范与管理的责任部门，负责组织协调各相关部门和基层单位落实营销安全风险防范与管理工作，做到（ ）、操作规范，确保风险防范与管理措施能迅速落实到位。

A.职责清晰　　B.责任到位

C.快速响应　　D.反应迅速

答案：ABD

15.《关于印发国家电网公司营销安全风险防范与管理规范（试行）和国家电网公司营销安全风险防范工作手册（试行）的通知》规定，各单位要按照（ ）、风险防范等风险管理环节，建立相应的风险分析制度、风险预警制度、风险报告制度、风险应急处置程序和应急预案，采取有效措施防止风险扩大和蔓延。

A.风险识别　　B.风险分析

C.风险评估　　D.风险预警

答案：ABC

16.《关于印发国家电网公司营销安全风险防范与管理规范（试行）和国家电网公司营销安全风险防范工作手册（试行）的通知》规定，各单位要积极向政府汇报与沟通，在政府领导下，建立（ ）之间的信息通报和联系制度。

A.政府　　B.企业

C.供电单位　　D.新闻媒体

答案：ABD

17.《关于印发国家电网公司营销安全风险防范与管理规范（试行）和国家电网公司营销安全风险防范工作手册（试行）的通知》规定，建立现场作业（ ），加强安全工器具配备及使用管理，严格现场作业安全防护，遵守安全规程，编制并执行营销现场作业指导书，规范执行现场作业操作程序并严格履行相关手续，确保人身及设备安全。

A.管理机制　　B.管理体系

C.管理流程　　D.管理制度

答案：CD

18.《关于印发国家电网公司营销安全风险防范与管理规范（试行）和国家电网公司营销安全风险防范工作手册（试行）的通知》规定，牢固树立"以客户为中心"的服务理念，严格执行（ ），认真接受供电服务监管，提升客户服务人员的服务技能，提高服务队伍素质，持续提升服务水平。

A.国家电网公司供电服务规范　　B.供电服务"十项承诺"

C.服务提供"十项措施"　　D.员工服务"十个不准"

答案：ABD

19.《关于印发国家电网公司营销安全风险防范与管理规范（试行）和国家电网公司营销安全风险防范工作手册（试行）的通知》规定，着力提高（ ）、电能计量、现场服务等环节的服务工作质量，加大教育培训力度，规范服务程序，依法开展有偿服务，规避服务法律风险。

A.业扩报装　　B.用电检查

C. 电费抄核收　　　　　　　　　　　D. 装表接电

答案：AB

20.《关于印发国家电网公司营销安全风险防范与管理规范（试行）和国家电网公司营销安全风险防范工作手册（试行）的通知》规定，建立供电服务突发事件应急处置体系，完善服务应急预案，畅通信息沟通渠道，有效处理（　　），防止事态扩大，提高对服务突发事件的应急处置能力。

A. 客户投诉　　　　　　　　　　　B. 新闻舆论负面信息

C. 负面事件　　　　　　　　　　　D. 服务风险

答案：AC

三、判断题

1.《关于印发国家电网公司营销安全风险防范与管理规范（试行）和国家电网公司营销安全风险防范工作手册（试行）的通知》规定，依法开展用电安全检查，履行安全检查和隐患告知义务。严格执行《电力安全用电规程》，深化重要客户隐患治理，及时发现用电安全隐患，规范开具隐患整改通知单，并及时向政府相关部门报告，采取有效措施督促客户整改。（　　）

答案：×

2.《关于印发国家电网公司营销安全风险防范与管理规范（试行）和国家电网公司营销安全风险防范工作手册（试行）的通知》规定，建立现场作业管理制度和管理流程，加强安全工器具配备及使用管理，严格现场作业安全防护，遵守安全规程，编制并执行营销现场作业指导书，规范执行现场作业操作程序并严格履行相关手续，确保人身及设备安全。（　　）

答案：√

3.《关于印发国家电网公司营销安全风险防范与管理规范（试行）和国家电网公司营销安全风险防范工作手册（试行）的通知》规定，加强现场装拆设备、检验调试、操作客户电气设备等现场作业管理，结合各类现场作业工作特点，分析安全危险点并制定完善的预防预控措施，提高管控力。（　　）

答案：×

4.《关于印发国家电网公司营销安全风险防范与管理规范（试行）和国家电网公司营销安全风险防范工作手册（试行）的通知》规定，严格执行安全规程，加强现场作业安全防护和安全工器具管理，认真检查安全隔离措施，不走错工作间隔，不错误接线，不误操作，不擅自操作客户电气设备，杜绝因违反安全规程要求而发生的人身触电伤亡、设备损坏和电量丢失等安全事件。（　　）

答案：√

5.《关于印发国家电网公司营销安全风险防范与管理规范（试行）和国家电网公司营销安全风险防范工作手册（试行）的通知》规定，规范现场作业程序，严格履行现场作业手续。根据现场作业的不同业务要求，规范与客户办理预约、签字等书面手续，确保现场操作及后续处理工作中的法律效力。（　　）

答案：×

6.《关于印发国家电网公司营销安全风险防范与管理规范（试行）和国家电网公司营销安全风险防范工作手册（试行）的通知》规定，提高服务队伍素质和服务工作质量，规避服务责任风险，提高突发事件应急处置能力，树立公司良好的企业形象。(　　)

答案：×

7.《关于印发国家电网公司营销安全风险防范与管理规范（试行）和国家电网公司营销安全风险防范工作手册（试行）的通知》规定，着力提高业扩报装、用电检查、电费抄核收、电能计量、现场服务等环节的服务工作质量，加大教育培训力度，规范服务程序，依法开展无偿服务，规避服务法律风险。(　　)

答案：×

8.《关于印发国家电网公司营销安全风险防范与管理规范（试行）和国家电网公司营销安全风险防范工作手册（试行）的通知》规定，建立供电服务突发事件应急处置体系，完善服务应急预案，畅通信息沟通渠道，有效处理客户投诉和负面事件，防止事态扩大，提高对服务突发事件的应急处置能力。(　　)

答案：√

9.《关于印发国家电网公司营销安全风险防范与管理规范（试行）和国家电网公司营销安全风险防范工作手册（试行）的通知》规定，建立营销安全风险防范与管理工作的监督检查制度，定期组织自查、互查及抽查、开展营销安全风险评估，掌控营销安全风险防范与管理情况，加强风险管理过程监控，及时发现存在问题并采取有效措施予以解决，切实提高风险防范与管理工作的有效性。(　　)

答案：√

10.《关于印发国家电网公司营销安全风险防范与管理规范（试行）和国家电网公司营销安全风险防范工作手册（试行）的通知》规定，发生营销安全或经济责任事故隐瞒不报的，要追究责任单位负责人及相关责任人的责任。(　　)

答案：√

四、简答题

1.根据《关于印发国家电网公司营销安全风险防范与管理规范（试行）和国家电网公司营销安全风险防范工作手册（试行）的通知》规定，试述我们在客户用电安全管理方面如何规避风险？

答案：加强业扩报装管理，规范用电安全服务，深化重要客户安全隐患治理，依法签订供用电合同，采取有效措施规避供用电安全风险。

（1）严格执行《电力法》《电力供应与使用条例》《供电营业规则》《关于加强重要电力用户供电电源及自备应急电源配置监督管理的指导意见》《国家电网公司业扩报装管理规定（试行）》《国家电网公司业扩供电方案编制导则（试行）》，严把供电方案及报装接电关，杜绝客户受电设施带安全隐患接入电网。

（2）依法开展用电安全检查，履行安全检查和隐患告知义务。严格执行《国家电网公司客户安全用电服务若干规定（试行）》，深化重要客户隐患治理，及时发现用电安全隐患，规范开具隐患整改通知单，并及时向政府相关部门报告，采取有效措施督促客户整改。

（3）依法与客户签订供用电合同，确保合同合法、有效。严格按照规定的程序实施停限电，科学、合理编制有序用电方案、限电序位表，并报政府电力主管部门批准，有效降低供电企业的法律风险。

2. 根据《关于印发国家电网公司营销安全风险防范与管理规范（试行）和国家电网公司营销安全风险防范工作手册（试行）的通知》规定，请具体阐述供用电法律风险的主要内容。

答案：法律风险是指因供用电合同条款不完备、产权归属与运行维护责任不清晰、合同未签或过期、停限电操作不规范等原因，引起的客户安全用电事故由供电企业承担相应的法律责任等风险。

第三节　供用电合同管理

一、填空题

1.《国家电网公司关于进一步规范供电合同管理工作的通知》（国家电网营销〔2016〕835号）规定，现行供用电合同关于违约金条款主要基于__________规定。

答案：供电营业规则

2.《国家电网公司关于进一步规范供电合同管理工作的通知》规定，各级营销部门要会同法律部门，组织开展覆盖基层单位__________的涉电、合同法律法规培训。

答案：一线人员

3.《国家电网公司关于进一步规范供电合同管理工作的通知》规定，各级__________、__________部门要紧密配合，按照国家法律法规和公司合同管理规定要求，认真做好供用电合同及相关协议的内容审核、签订等工作。

答案：营销　法律

4.《国家电网公司关于进一步规范供电合同管理工作的通知》规定，修改违约金与欠费交纳冲抵顺序条款，供用电合同中增加用户在交纳电费时应先冲抵__________的约定，即用户应先交纳电费欠费后再交纳违约金。

答案：到期电费债务

二、不定项选择题

1.《国家电网公司关于进一步规范供电合同管理工作的通知》规定，对供用电合同中的违约金条款修改为（　　）。

A. 用电人违反本合同约定逾期交付电费，当年欠费部分的每日按欠交额的2‰计付

B. 跨年度欠费部分的每日按欠交额的3‰计付

C. 不超过欠交额的30%

D.不超过欠交额的20%

答案：ABC

2.《国家电网公司关于进一步规范供电合同管理工作的通知》主要提出了（　　）要求。

A.强化合同宣贯培训　　B.进一步规范合同约定内容

C.进一步提高合同的有效性　　D.高度重视供用电合同管理工作

答案：ABD

3.《国家电网公司关于进一步规范供电合同管理工作的通知》中进一步规范合同约定内容有（　　）。

A.修改违约金条款约定

B.对供电免责条款采用足以引起对方注意的文字、标记、字体等特别标示

C.修改违约金与欠费交纳冲抵顺序条款

D.对供电免责条款采用足以引起对方注意的文字、符号、字体等特别标示

答案：ACD

4.《国家电网公司关于进一步规范供电合同管理工作的通知》规定，各单位务必要高度重视合同（　　）等工作，在保障双方合法权益的同时，有效提升公司依法治企水平。

A.签订　　B.审核

C.履行　　D.变更

答案：ABCD

三、判断题

1.《国家电网公司关于进一步规范供电合同管理工作的通知》（国家电网营销〔2016〕835号）规定，用电人违反本合同约定逾期交付电费，当年欠费部分的每月按欠交额的2‰、跨年度欠费部分的每月按欠交额的3‰计付，但不超过欠交额的30%。（　　）

答案：×

2.《国家电网公司关于进一步规范供电合同管理工作的通知》（国家电网营销〔2016〕835号）规定，市场化条件下，供用电合同是明确供用电双方权利义务的重要法律文件。各单位务必要高度重视合同签订、审核、履行、变更等工作，在保障双方合法权益的同时，有效提升公司依法治企水平。（　　）

答案：√

四、简答题

根据《国家电网公司关于进一步规范供电合同管理工作的通知》（国家电网营销〔2016〕835号）规定，简述什么是供用电合同管理制度。

答案：供用电合同管理制度是供电企业和电力客户以合同的形式明确相互权利和义务关系，运用法律手段进行供用电管理的一种制度。

第四节　国家电网有限公司十八项电网重大反事故措施

一、填空题

1.《国家电网有限公司十八项电网重大反事故措施（2018年修订版）》规定，对于开关柜类设备的检修、预试或验收，针对其带电点与作业范围绝缘距离短的特点，不管有无物理隔离措施，均应加强__________。

答案：风险分析与预控

2.《国家电网有限公司十八项电网重大反事故措施（2018年修订版）》规定，对于隔离开关的就地操作，应做好支柱绝缘子断裂的风险分析与预控，监护人员应严格监视隔离开关动作情况，操作人员应视情况做好__________的准备。

答案：及时撤离

3.《国家电网有限公司十八项电网重大反事故措施（2018年修订版）》规定，在作业现场内可能发生人身伤害事故的地点，应采取可靠的防护措施，并宜设立安全警示牌，必要时设__________。

答案：专人监护

4.《国家电网有限公司十八项电网重大反事故措施（2018年修订版）》规定，应结合生产实际，经常性开展多种形式的安全思想、安全文化教育，开展有针对性的应急演练，提高员工__________，掌握安全防护知识和伤害事故发生时的自救、互救方法。

答案：安全风险防范意识

5.《国家电网有限公司十八项电网重大反事故措施（2018年修订版）》规定，严格执行“__________”，落实好各级人员安全职责，并按要求规范填写“两票”内容，确保安全措施全面到位。

答案：两票三制

6.《国家电网有限公司十八项电网重大反事故措施（2018年修订版）》规定，应制定和完善防误装置的运行规程及检修规程，加强__________的运行、维护管理，确保防误闭锁装置正常运行。

答案：防误闭锁装置

7.《国家电网有限公司十八项电网重大反事故措施（2018年修订版）》规定，断路器或隔离开关电气闭锁回路不能用重动继电器，应直接用断路器或隔离开关的__________。

答案：辅助触点

8.《国家电网有限公司十八项电网重大反事故措施（2018年修订版）》规定，枢纽变电站宜采用__________或3/2接线方式，根据电网结构的变化，应满足变电站设备的短路容量约束。

答案：双母分段接线

9.《国家电网有限公司十八项电网重大反事故措施（2018年修订版）》规定，为提高继电保护的可靠性，传输两套独立的主保护通道相对应的__________应为两套完整独立的、两种不同路由的通信系统，其告警信息应接入相关监控系统。

答案：电力通信设备

10.《国家电网有限公司十八项电网重大反事故措施（2018年修订版）》规定，及时消除直流系统接地缺陷，同一直流母线段，当出现__________时，应立即采取措施消除。

答案：同时两点接地

11.《国家电网有限公司十八项电网重大反事故措施（2018年修订版）》规定，对检修或事故跳闸停电的母线进行试送电时，具备空余线路且线路后备保护齐备时应首先考虑用__________送电。

答案：外来电源

12.《国家电网有限公司十八项电网重大反事故措施（2018年修订版）》规定，根据对重要客户供电的输变电设备实际运行情况，缩短__________、设备状态检修周期。

答案：设备巡视周期

13.《国家电网有限公司十八项电网重大反事故措施（2018年修订版）》规定，特级重要电力客户具备三路电源供电条件，至少有两路电源应当来自不同的变电站，当任何__________电源发生故障时，其余电源能保证__________。

答案：两路独立　　正常供电

14.《国家电网有限公司十八项电网重大反事故措施（2018年修订版）》规定，一级重要电力客户具备两路电源供电条件，两路电源应当来自__________，当一路电源发生故障时，另一路电源能保证独立正常供电。

答案：两个不同的变电站

15.《国家电网有限公司十八项电网重大反事故措施（2018年修订版）》规定，重要客户新装自备应急电源__________装置技术方案要符合国家有关标准和所接入电力系统安全要求。

答案：投入切换

16.《国家电网有限公司十八项电网重大反事故措施（2018年修订版）》规定，重污区的防污闪改造应优先采用__________防污闪产品。

答案：硅橡胶类

17.《国家电网有限公司十八项电网重大反事故措施（2018年修订版）》规定，当开关动作次数或运行时间达到制造厂规定值时，有载分接开关应进行__________，并对开关的__________进行测试。

答案：检修　　切换程序与时间

18.《国家电网有限公司十八项电网重大反事故措施（2018年修订版）》规定，互感器在交接试验时，应进行__________。

答案：空载电流测量

19.《国家电网有限公司十八项电网重大反事故措施（2018年修订版）》规定，SF_6气体绝缘互感器设备故障跳闸后，应进行__________，以确定内部有无放电。避免带故障强送再次放电。

答案：SF_6气体分解产物检测

20.《国家电网有限公司十八项电网重大反事故措施（2018年修订版）》规定，隔离开关与其所配装的接地开关间应配有可靠的＿＿＿＿＿，并应有足够的强度。

答案：机械闭锁

21.《国家电网有限公司十八项电网重大反事故措施（2018年修订版）》规定，与电力电缆同通道敷设的低压电缆、非阻燃通信光缆等应穿入阻燃管，或采取其他＿＿＿＿＿措施。

答案：防火隔离

22.《国家电网有限公司十八项电网重大反事故措施（2018年修订版）》规定，建立健全本企业有关车辆交通管理规章制度并严格执行，完善＿＿＿＿＿，做到不失控、不漏管、不留死角，监督、检查、考核到位，严禁客货混装，保障车辆运输安全。

答案：安全管理措施

23.《国家电网有限公司十八项电网重大反事故措施（2018年修订版）》规定，对于已经安装消弧线圈，单相接地故障电容电流依然超标的中性点不接地系统，应当采取＿＿＿＿＿或者采取＿＿＿＿＿方式。

答案：消弧线圈增容　分散补偿方式

二、不定项选择题

1.《国家电网有限公司十八项电网重大反事故措施（2018年修订版）》规定，加强对各项承包工程的安全管理，严禁层层转包或违法分包，严禁（　　），并根据有关规定严格考核。

A.以包代管　　B.以罚代管

C.以管代包　　D.以管代罚

答案：AB

2.《国家电网有限公司十八项电网重大反事故措施（2018年修订版）》规定，受电系统应具有多个方向的多条受电通道，电源点应合理分散接入，每个独立输电通道的输送电力不宜超过系统最大负荷的（　　）%。

A.10　　B.15

C.10～15　　D.20

答案：C

3.《国家电网有限公司十八项电网重大反事故措施（2018年修订版）》规定，励磁系统强励电压倍数一般为（　　）倍，强励电流倍数等于（　　），允许持续强励时间不低于（　　）s。

A.2，2，10　　B.2，2，5

C.2，10，2　　D.10，2，2

答案：A

4.《国家电网有限公司十八项电网重大反事故措施（2018年修订版）》规定，110kV及以下互感器推荐（　　）安放运输，220kV及以上互感器必须满足卧倒运输的要求。

A.直立　　B.平行

C.竖立　　D.直立和平行

答案：A

5.《国家电网有限公司十八项电网重大反事故措施（2018年修订版）》规定，当断路器大修时，应检查液压（气动）机构分、合闸阀的阀针是否（　　），防止由于阀针松动或变形造成断路器拒动。

A.松动　　B.变形

C.灵活　　D.损伤

答案：AB

6.《国家电网有限公司十八项电网重大反事故措施（2018年修订版）》规定，在电缆运输过程中，应防止电缆受到碰撞、挤压等导致的机械损伤，电缆敷设过程中应严格控制（　　）。

A.牵引力　　B.侧压力

C.弯曲半径　　D.接线方式

答案：ABC

7.《国家电网有限公司十八项电网重大反事故措施（2018年修订版）》规定，电缆通道、夹层及管孔等应满足电缆弯曲半径的要求，（　　）kV及以上电缆的支架应满足电缆蛇形敷设的要求。

A.110（66）　　B.35

C.20　　D.10

答案：A

8.《国家电网有限公司十八项电网重大反事故措施（2018年修订版）》规定，对已安装在线监测表计的避雷器，有人值班的变电站每天至少巡视（　　）次。

A.1　　B.2

C.3　　D.1或2

答案：A

9.《国家电网有限公司十八项电网重大反事故措施（2018年修订版）》规定，定期对有关作业人员进行（　　）等培训、考试，使其熟练掌握有关规定、风险因素、安全措施和要求，明确各自安全职责，提高安全防护、风险辨识的能力和水平。

A.安全规程　　B.制度

C.技术　　D.风险辨识

答案：ABCD

10.《国家电网有限公司十八项电网重大反事故措施（2018年修订版）》规定，加强运行、检修人员的专业培训，严格执行（　　）制度，并使两票制度标准化，管理规范化。

A.操作票　　B.工作票

C.第一种工作票　　D.第二种工作票

答案：AB

11.《国家电网有限公司十八项电网重大反事故措施（2018年修订版）》规定，临时性重要客户按照供电负荷重要性，在条件允许情况下，可以通过临时架线等方式具备（　　）供电条件。

A. 双回路　　　　　　　B. 两路以上电源
C. 双电源　　　　　　　D. 双回路或双电源

答案：AB

12.《国家电网有限公司十八项电网重大反事故措施（2018年修订版）》规定，利用计算机实现防误闭锁功能时，其防误操作规则应经本单位（　　）共同审核，经主管领导批准并备案后方可投入运行。

A. 电气运行　　　　　　B. 安监
C. 生技　　　　　　　　D. 营销

答案：ABC

三、判断题

1.《国家电网有限公司十八项电网重大反事故措施（2018年修订版）》规定，对于开关柜类设备的检修、预试或验收，针对其带电点与作业范围绝缘距离短的特点，在物理隔离措施的情况下，均应加强风险分析与预控。(　　)

答案：×

2.《国家电网有限公司十八项电网重大反事故措施（2018年修订版）》规定，对于隔离开关的就地操作，应做好支柱绝缘子断裂的风险分析与预控，工作负责人应严格监视隔离开关动作情况，操作人员应视情况做好及时撤离的准备。(　　)

答案：×

3.《国家电网有限公司十八项电网重大反事故措施（2018年修订版）》规定，对于业扩报装工作，应做好施工、验收、接电等各个环节的风险辨识与预控，严格履行正常验收程序，严禁单人工作、不验电、不采取安全措施及强制解锁、擅自操作客户设备等行为。(　　)

答案：√

4.《国家电网有限公司十八项电网重大反事故措施（2018年修订版）》规定，对交叉作业现场应制订完备的交叉作业安全防护措施。(　　)

答案：√

5.《国家电网有限公司十八项电网重大反事故措施（2018年修订版）》规定，防止拆控制回路时，被控开关跳闸，造成营销服务事故。被控开关接入常闭接点时，为避免开关跳闸应与客户沟通，必须停电进行，拆除后应进行短接。(　　)

答案：√

6.《国家电网有限公司十八项电网重大反事故措施（2018年修订版）》规定，应结合生产实际，经常性开展多种形式的安全思想、安全文化教育，开展有针对性的应急演练，提高员工安全风险防范意识，掌握安全防护知识和伤害事故发生时的自救、互救方法。(　　)

答案：√

7.《国家电网有限公司十八项电网重大反事故措施（2018年修订版）》规定，认真落实安全生产各项组织措施和技术措施，配备充足的、经国家认证认可的质检机构检测合格的安全工器具和防护用品，并按照有关标准、规程要求定期检验。(　　)

答案：√

8.《国家电网有限公司十八项电网重大反事故措施（2018年修订版）》规定，防误装置的检修、维护应纳入运行、检修规程，防误装置应与相应主设备统一管理。(　　)

答案：√

9.《国家电网有限公司十八项电网重大反事故措施（2018年修订版）》规定，严格执行调度指令。倒闸操作时，可以改变操作顺序。(　　)

答案：×

10.《国家电网有限公司十八项电网重大反事故措施（2018年修订版）》规定，35kV电压等级的避雷器必须安装交流泄漏电流在线监测表计。(　　)

答案：×

11.《国家电网有限公司十八项电网重大反事故措施（2018年修订版）》规定，新、扩建变电工程或主设备经技术改造后，防误闭锁装置应与主设备同时投运。(　　)

答案：√

12.《国家电网有限公司十八项电网重大反事故措施（2018年修订版）》规定，防误装置电源应与继电保护及控制回路电源独立。(　　)

答案：√

13.《国家电网有限公司十八项电网重大反事故措施（2018年修订版）》规定，在确定各类保护装置电流互感器二次绕组分配时，应考虑消除保护死区。(　　)

答案：√

14.《国家电网有限公司十八项电网重大反事故措施（2018年修订版）》规定，变电站直流系统配置应充分考虑设备检修时的冗余，330kV及以上电压等级变电站及重要的220kV变电站应采用两台充电、浮充电装置，三组蓄电池组的供电方式。(　　)

答案：×

15.《国家电网有限公司十八项电网重大反事故措施（2018年修订版）》规定，直流系统对负载供电，应按电压等级设置直流小母线供电方式，不应采用分电屏供电方式。(　　)

答案：×

16.《国家电网有限公司十八项电网重大反事故措施（2018年修订版）》规定，雨季前，加强现场端子箱、机构箱封堵措施的巡视，封堵不严和封堵设施脱落缺陷可暂缓处理。(　　)

答案：×

17.《国家电网有限公司十八项电网重大反事故措施（2018年修订版）》规定，现场端子箱不应交、直流混装，现场机构箱内应避免交、直流接线出现在同一段或串端子排上。(　　)

答案：√

18.《国家电网有限公司十八项电网重大反事故措施（2018年修订版）》规定，对检修或事故跳闸停电的母线进行试送电时，具备空余线路且线路后备保护齐备时应首先考虑用自身电源送电。(　　)

答案：×

19.《国家电网有限公司十八项电网重大反事故措施（2018年修订版）》规定，充电、浮充电装置在检修结束恢复运行时，应先合交流侧开关，再带直流负荷。（　　）

答案：√

20.《国家电网有限公司十八项电网重大反事故措施（2018年修订版）》规定，对硅橡胶套管和加装硅橡胶伞裙的瓷套，应经常检查硅橡胶表面有无放电现象，如果有放电现象应及时处理。（　　）

答案：√

21.《国家电网有限公司十八项电网重大反事故措施（2018年修订版）》规定，重要客户自备应急电源配置容量标准应达到保安负荷的110%。（　　）

答案：×

22.《国家电网有限公司十八项电网重大反事故措施（2018年修订版）》规定，采用计算机监控系统时，仅远方操作应具备防止误操作闭锁功能。（　　）

答案：×

23.《国家电网有限公司十八项电网重大反事故措施（2018年修订版）》规定，无人值班变电站可不对避雷器交流泄漏电流在线监测表计进行巡视。（　　）

答案：×

24.《国家电网有限公司十八项电网重大反事故措施（2018年修订版）》规定，成套SF_6组合电器（GIS/PASS/HGIS）、成套高压开关柜“五防”功能应齐全、性能良好，进线侧应装设具有自检功能的带电显示装置，并与线路侧接地刀闸实行联锁。（　　）

答案：×

25.《国家电网有限公司十八项电网重大反事故措施（2018年修订版）》规定，同一变压器三侧的成套SF_6组合电器（GIS/PASS/HGIS）隔离开关和接地刀闸之间应有电气联锁。（　　）

答案：√

26.《国家电网有限公司十八项电网重大反事故措施（2018年修订版）》规定，加强对运行、检修人员防误操作培训每年应定期对运行、检修人员进行培训工作，使其熟练掌握防误装置，做到“四懂三会”（懂防误装置的原理、性能、结构和操作程序，会熟练操作、会处缺和会维护）。（　　）

答案：√

27.《国家电网有限公司十八项电网重大反事故措施（2018年修订版）》规定，特别重要的枢纽变电站在非过渡阶段应有3条以上输电通道，在站内部分母线或一条输电通道检修情况下，发生N–1故障时不应出现变电站全停的情况。（　　）

答案：×

28.《国家电网有限公司十八项电网重大反事故措施（2018年修订版）》规定，变电站直流系统配置应充分考虑设备检修时的冗余，330kV及以上电压等级变电站及重要的220kV变电站应采用3台充电、浮充电装置，两组蓄电池组的供电方式。（　　）

答案：√

四、简答题

1.《国家电网有限公司十八项电网重大反事故措施（2018年修订版）》规定，如何防止重要客户出现停电事故？

答案：（1）完善重要客户入网管理。

（2）合理配置供电电源点。

（3）加强对重要客户供电的输变电设备运行维护。

（4）加强对重要客户自备应急电源检查工作。

（5）督促重要客户整改安全隐患。

2.《国家电网有限公司十八项电网重大反事故措施（2018年修订版）》规定，供电企业在与重要用户签订供用电协议时需明确哪些项目？

答案：供电企业在与重要用户签订供用电协议时，应按照国家法律法规、政策及电力行业标准，明确重要客户供电电源、自备应急电源及非电保安措施配置要求，明确供电电源及用电负荷电能质量标准，明确双方在电气设备安全运行管理中的权利义务及发生用电事故时的法律责任，明确重要用户应按照电力行业技术监督标准，开展技术监督工作。

3.《国家电网有限公司十八项电网重大反事故措施（2018年修订版）》规定，如何督促重要客户整改属于客户责任的安全隐患？

答案：对属于客户责任的安全隐患，供电企业用电检查人员应以书面形式告知客户，积极督促客户整改，同时向政府主管部门沟通汇报，争取政府支持，做到“通知、报告、服务、督导”四到位，实现客户责任隐患治理“服务、通知、报告、督导”到位率100%，建立政府主导、客户落实整改、供电企业提供技术服务的长效工作机制。

第五章 技术规程与规范

第一节　电能计量装置技术管理规程

一、填空题

1.《电能计量装置技术管理规程》（DL/T 448—2016）规定，互感器二次回路的连接导线应采用__________。

答案：铜质单芯绝缘线

2.《电能计量装置技术管理规程》（DL/T 448—2016）规定，对电流二次回路，连接导线截面面积应按电流互感器的额定二次负荷计算确定，至少应不小于__________mm^2。对电压二次回路，连接导线截面面积应按允许的电压降计算确定，至少应不小于______mm^2。

答案：4　　2.5

3.《电能计量装置技术管理规程》（DL/T 448—2016）规定，接入中性点绝缘系统的3台电压互感器，35kV及以上的宜采用__________方式接线；35kV以下的宜采用__________方式接线。

答案：Y/y　　V/v

4.《电能计量装置技术管理规程》（DL/T 448—2016）规定，选用直接接入式电能表的其最大电流不宜超过__________A。

答案：100

5.《电能计量装置技术管理规程》（DL/T 448—2016）规定，接入非中性点绝缘系统的3台电压互感器，宜采用__________方式接线。

答案：YN/yn

6.《电能计量装置技术管理规程》（DL/T 448—2016）规定，500kV及以上考核用电能计量装置，属于__________类计量装置。

答案：Ⅰ

7.《电能计量装置技术管理规程》（DL/T 448—2016）规定，电能计量装置中电压互感器二次回路电压降应不大于其额定二次电压的__________。

答案：0.2%

8.《电能计量装置技术管理规程》（DL/T 448—2016）规定，计量单机容量在__________范围内发电机发电量的电能计量装置，选用Ⅱ类电能计量装置。

答案：100～300MW

9.《电能计量装置技术管理规程》（DL/T 448—2016）规定，计量单机容量在__________发电机发电量的电能计量装置，选用Ⅲ类电能计量装置。

答案：100MW以下

10.《电能计量装置技术管理规程》(DL/T 448—2016)规定，__________kV及以上贸易结算用电能计量装置，选用Ⅰ类电能计量装置。

答案：220

11.《电能计量装置技术管理规程》(DL/T 448—2016)规定，__________kV贸易结算用电能计量装置，选用Ⅱ类电能计量装置。

答案：110(66)~220

12.《电能计量装置技术管理规程》(DL/T 448—2016)规定，__________kV贸易结算用电能计量装置，选用Ⅲ类电能计量装置。

答案：10~110(66)

13.《电能计量装置技术管理规程》(DL/T 448—2016)规定，Ⅵ类电能计量装置是__________电能计量装置。

答案：380V~10kV

14.《电能计量装置技术管理规程》(DL/T 448—2016)规定，Ⅴ类电能计量装置是__________电能计量装置。

答案：220V单相

15.《电能计量装置技术管理规程》(DL/T 448—2016)规定，Ⅰ类电能表宜每__________个月现场检验一次。

答案：6

16.《电能计量装置技术管理规程》(DL/T 448—2016)规定，Ⅱ类电能表宜每__________个月现场检验一次。

答案：12

17.《电能计量装置技术管理规程》(DL/T 448—2016)规定，Ⅲ类电能表宜每__________个月现场检验一次。

答案：24

18.《电能计量装置技术管理规程》(DL/T 448—2016)规定，35kV以上贸易结算用电能计量装置中电压互感器二次回路，应不装设__________辅助触点，但可装设__________。

答案：隔离开关　　快速自动空气开关

19.《电能计量装置技术管理规程》(DL/T 448—2016)规定，运行中的电压互感器二次回路电压降应定期进行检验。对35kV及以上电压互感器二次回路电压降，宜每__________年检验一次。

答案：两

20.《电能计量装置技术管理规程》(DL/T 448—2016)规定，低压供电，计算负荷电流为__________时，宜采用经电流互感器接入电能表的接线方式。

答案：60A以上

21.《电能计量装置技术管理规程》(DL/T 448—2016)规定，__________类电能计量装置、计量单机容量__________发电机组上网贸易结算电量的电能计量装置和电网企业之间购销电量的__________电能计量装置，宜配置型号、准确度等级相同的计量有功电量的主副两只电能表。

答案：I　　100MW及以上　　110kV及以上

22.《电能计量装置技术管理规程》（DL/T 448—2016）规定，35kV及以下贸易结算用电能计量装置的电压互感器二次回路，计量点在__________的应不装设隔离开关辅助触点和快速自动空气开关等；计量点在__________的可装设快速自动空气开关。

答案：电力用户侧　　电力企业变电站侧

23.《电能计量装置技术管理规程》（DL/T 448—2016）规定，互感器额定二次负荷的选择应保证接入其二次回路的实际负荷在__________额定二次负荷范围内。

答案：25%～100%

24.《电能计量装置技术管理规程》（DL/T 448—2016）规定，电流互感器额定一次电流的确定，应保证其在正常运行中的实际负荷电流达到__________的60%左右，至少不应小于__________。

答案：额定值　　30%

25.《电能计量装置技术管理规程》（DL/T 448—2016）规定，经电流互感器接入的电能表，其额定电流宜不超过电流互感器__________的30%，其最大电流宜为电流互感器额定二次电流的__________。

答案：额定二次电流　　120%左右

26.《电能计量装置技术管理规程》（DL/T 448—2016）规定，执行功率因数调整电费的电力用户，应配置计量__________、__________的电能表；按最大需量计收基本电费的电力用户，应配置具有最大需量计量功能的电能表；实行分时电价的电力用户，应配置具有__________计量功能的电能表。

答案：有功电量　　感性和容性无功电量　　多费率

27.《电能计量装置技术管理规程》（DL/T 448—2016）规定，配电所所用电源宜引自就近的配电变压器220/380V侧。重要或规模较大的配电所，宜设__________，柜内所用可燃油油浸变压器的油量应小于__________。

答案：所用变压器　　100kg

二、不定项选择题

1.《电能计量装置技术管理规程》（DL/T 448—2016）规定，我们通常所说的一只5A单相电能表，这里的5A是指这只电能表的（　　）。

A.瞬时电流　　B.额定电流

C.标定电流　　D.最大额定电流

答案：C

2.《电能计量装置技术管理规程》（DL/T 448—2016）规定，接入中性点绝缘系统的有功电能表的应采用（　　）接线方式。

A.三相三线　　B.三相四线

C.三相五线　　D.单相

答案：A

3.《电能计量装置技术管理规程》(DL/T 448—2016)规定，300MW及以上发电机组的发电量的电能计量装置属（　　）类电能计量装置。

A. Ⅰ　　B. Ⅱ

C. Ⅲ　　D. Ⅳ

答案：A

4.《电能计量装置技术管理规程》(DL/T 448—2016)规定，某房地产客户申请低压临时用电，供电电压选择为380V，其计费用电能表属于（　　）电能计量装置。

A. Ⅰ类　　B. Ⅱ类

C. Ⅲ类　　D. Ⅳ类

答案：D

5.《电能计量装置技术管理规程》(DL/T 448—2016)规定，电能计量装置为Ⅲ类的用电客户，配置的电流互感器的准确度等级应不低于（　　）。

A.0.2　　B.0.2S

C.0.5　　D.0.5S

答案：D

6.《电能计量装置技术管理规程》(DL/T 448—2016)规定，为提高低压负荷计量的准确性，应选用过负荷（　　）倍及以上的电能表。

A.2　　B.4

C.6　　D.8

答案：B

7.《电能计量装置技术管理规程》(DL/T 448—2016)规定，经检定合格的电能表在库房中保存时间超过（　　）个月应重新进行检定。

A.1　　B.2

C.3　　D.6

答案：D

8.《电能计量装置技术管理规程》(DL/T 448—2016)规定，Ⅲ类电能计量装置的有功、无功、TV、TA的准确度等级分别应为（　　）。

A.0.5，2.0，0.2，0.2　　B.1.0，2.0，0.5，0.5

C.0.5S，2.0，0.5，0.5S　　D.1.0，2.0，0.5，0.5S

答案：C

9.《电能计量装置技术管理规程》(DL/T 448—2016)规定，Ⅳ类电能计量装置的有功、无功、TV、TA的准确度等级分别应为（　　）。

A.0.5，2.0，0.2，0.2　　B.1.0，2.0，0.5，0.5

C.0.5S，2.0，0.5，0.5S　　D.1.0，2.0，0.5，0.5S

答案：D

10.《电能计量装置技术管理规程》(DL/T 448—2016)规定，Ⅱ类电能计量装置的有功、无功、TV、TA的准确度等级分别应为（　　）。

A.0.5，2.0，0.2，0.2　　B.1.0，2.0，0.5，0.5

C.0.5S，2.0，0.2，0.2S　　　　D.1.0，2.0，0.5，0.5S

答案：C

11.《电能计量装置技术管理规程》（DL/T 448—2016）规定，Ⅰ类电能计量装置的有功、无功、TV、TA的准确度等级分别应为（　　）。

A.0.2S，2.0，0.2，0.2S　　　　B.1.0，2.0，0.5，0.5

C.0.5S，2.0，0.5，0.5S　　　　D.1.0，2.0，0.5，0.5S

答案：A

12.《电能计量装置技术管理规程》（DL/T 448—2016）规定，电流互感器额定一次电流的确定，应保证其在正常运行中的实际负荷电流达到额定值的（　　）%左右，至少不应小于（　　）%。

A.30，60　　　　B.30，50

C.60，30　　　　D.60，50

答案：C

13.《电能计量装置技术管理规程》（DL/T 448—2016）规定，对造成电能计量差错超过（　　）万kWh及以上者，应及时报告上级管理机构。

A.5　　　　B.10

C.15　　　　D.30

答案：B

14.《电能计量装置技术管理规程》（DL/T 448—2016）规定，现场检验时不允许打开电能表罩壳和现场调整电能表（　　）。

A.电压　　　　B.电流

C.误差　　　　D.相位

答案：C

15.《电能计量装置技术管理规程》（DL/T 448—2016）规定，现场检验电能表应采用（　　），使用测量电压、电流、相位和带有错误接线判别功能的电能表现场检验仪器。

A.标准电能表法　　　　B.标准伏安法

C.标准检验法　　　　D.标准误差法

答案：A

16.《电能计量装置技术管理规程》（DL/T 448—2016）规定，当二次回路负荷超过互感器额定二次负荷或二次回路电压降超差时应及时查明原因，并在（　　）处理。

A.10天内　　　　B.1个月内

C.2个月内　　　　D.1年内

答案：B

17.《电能计量装置技术管理规程》（DL/T 448—2016）规定，运行中的低压电流互感器，宜在电能表更换时进行（　　）、二次回路及其负荷的检查。

A.电流　　　　B.电压

C.相序　　　　D.变比

答案：D

18.《电能计量装置技术管理规程》(DL/T 448—2016)规定，用电计量装置包括计费电能表(　　)。

A.用电信息终端　　B.计量用电压、电流互感器

C.二次回路连接线　　D.电能计量柜(箱)

答案：BCD

19.《电能计量装置技术管理规程》(DL/T 448—2016)规定，(　　)客户应配备Ⅱ类电能计量装置。

A.110(66)~220kV贸易结算用　　B.计量单机容量100~300MW

C.220~500kV考核用　　D.变压器容量为20000kVA

答案：ABC

20.《电能计量装置技术管理规程》(DL/T 448—2016)规定，(　　)应配置Ⅲ类电能计量装置。

A.10~220kV贸易结算用　　B.计量100MW以下发电机发电量

C.10~220kV考核用　　D.计量100~300MW发电机发电量

答案：BC

三、判断题

1.《电能计量装置技术管理规程》(DL/T 448—2016)规定，Ⅰ、Ⅱ、Ⅲ、Ⅳ类贸易结算用电能计量装置应按计量点配置计量专用电压、电流互感器或者专用二次绕组。(　　)

答案：×

2.《电能计量装置技术管理规程》(DL/T 448—2016)规定，对三相三线制连接的电能计量装置，其3台电流互感器二次绕组与电能表之间宜采用六线连接。(　　)

答案：×

3.《电能计量装置技术管理规程》(DL/T 448—2016)规定，Ⅰ、Ⅱ、Ⅲ电能计算装置应按计量点配置计量专用电压、电流互感器。电能计量专用电压、电流互感器及其二次回路不得接入与电能计量无关的设备。(　　)

答案：×

4.《电能计量装置技术管理规程》(DL/T 448—2016)规定，电网经营企业之间的电量交换点的电能计量装置为Ⅰ类电能计量装置。其购销电量用电能计量装置宜配置准确度等级相同的主副两套有功电能表。(　　)

答案：√

5.《电能计量装置技术管理规程》(DL/T 448—2016)规定，负荷容量为315kVA以下的计费用户、发供电企业内部经济技术指标分析、考核用的电能计量装置属于Ⅳ类计量装置。(　　)

答案：√

6.《电能计量装置技术管理规程》（DL/T 448—2016）规定，运行中的电能计量装置按其所计量电能量的多少和计量对象的重要程度分四类（Ⅰ、Ⅱ、Ⅲ、Ⅳ）进行管理。（　　）

答案：×

7.《电能计量装置技术管理规程》（DL/T 448—2016）规定，月平均用电量10万kWh及以上或变压器容量为315kVA及以上的计费用户为Ⅳ类电能计量装置。（　　）

答案：×

8.《电能计量装置技术管理规程》（DL/T 448—2016）规定，电流互感器铭牌上所标额定电压是指一次绕组的额定电压。（　　）

答案：×

9.《电能计量装置技术管理规程》（DL/T 448—2016）规定，按计量装置分类：Ⅰ类用户应安装0.2S级的电流互感器。（　　）

答案：√

10.《电能计量装置技术管理规程》（DL/T 448—2016）规定，按计量装置分类：Ⅱ类用户应安装0.5级或0.5S级的电流互感器。（　　）

答案：×

11.《电能计量装置技术管理规程》（DL/T 448—2016）规定，二次回路接入静止式电能表时，电压互感器额定二次负荷不宜超过10VA。（　　）

答案：√

12.《电能计量装置技术管理规程》（DL/T 448—2016）规定，二次回路接入静止式电能表时，额定二次电流为5A的电流互感器额定二次负荷不宜超过15VA，额定二次电流为1A的电流互感器额定二次负荷不宜超过5VA。（　　）

答案：√

四、简答题

1.《电能计量装置技术管理规程》（DL/T 448—2016）规定，运行中的电压、电流互感器定期进行现场检验有何要求？

答案：（1）高压电磁式电压、电流互感器宜每10年现场检验一次。

（2）高压电容式电压互感器宜每4年现场检验一次。

（3）当现场检验互感器误差超差时，应查明原因，制订更换或改造计划并尽快实施。时间不得超过下一次主设备检修完成日期。

2.《电能计量装置技术管理规程》（DL/T 448—2016）规定，封印主要包括哪些种类？

答案：检定合格印、安装封印、现场检验封印、计量管理封印、用电检查封印及抄表封印等。

第二节　供配电系统设计规范

一、填空题

1.《供配电系统设计规范》(GB 50052—2009)规定，供配电系统设计应采用符合国家现行有关标准的__________、环保、__________、性能先进的电气产品。

答案：高效节能　安全

2.《供配电系统设计规范》(GB 50052—2009)规定，TN系统，电力系统有一点__________，电气装置的外露可导电部分通过保护线与该接地点相连接。

答案：直接接地

3.《供配电系统设计规范》(GB 50052—2009)规定，应急电源是用作__________组成部分的电源。

答案：应急供电系统

4.《供配电系统设计规范》(GB 50052—2009)规定，较大功率的波动负荷或波动负荷群与对电压波动、闪变敏感的负荷分别由__________的变压器供电。

答案：不同

5.《供配电系统设计规范》(GB 50052—2009)规定，供配电系统设计应按照__________、用电容量、__________和地区供电条件，统筹兼顾，合理确定设计方案。

答案：负荷性质　工程特点

6.《供配电系统设计规范》(GB 50052—2009)规定，分布式电源主要是指电力负荷附近，__________并与环境兼容，可提供电、热（冷）的发电装置，如__________、太阳能光伏发电、燃料电池、风力发电和生物质能发电等。

答案：能源利用效率高　微型燃气轮机

7.《供配电系统设计规范》(GB 50052—2009)规定，一级负荷应由__________供电，当一电源发生故障时，另一电源不应同时受到损坏。

答案：双重电源

8.《供配电系统设计规范》(GB 50052—2009)规定，电力负荷应根据对__________及中断供电在对人身安全、经济损失上所造成的影响程度进行分级。

答案：可靠性的要求

9.《供配电系统设计规范》(GB 50052—2009)规定，应急电源应根据允许中断供电的时间选择，并应符合下列规定，允许中断供电时间为__________s以上的供电，可选用快速自动启动的发电机组。

答案：15

10.《供配电系统设计规范》(GB 50052—2009)规定，自投装置的__________能满足允许中断供电时间的，可选用带有自动投入装置的__________正常电源之外的专用馈电线路。

答案：动作时间　独立于

11.《供配电系统设计规范》(GB 50052—2009)规定，允许中断供电时间为

________的供电，可选用蓄电池静止型不间断供电装置或柴油机不间断供电装置。

答案：毫秒级

12.《供配电系统设计规范》(GB 50052—2009)规定，二级负荷的供电系统，宜由________供电。

答案：两回线路

13.《供配电系统设计规范》(GB 50052—2009)规定，在负荷较小或地区供电条件困难时，二级负荷可由一回________kV及以上专用的架空线路供电。

答案：6

14.《供配电系统设计规范》(GB 50052—2009)规定，应急电源的供电时间，应按生产技术上要求的________确定。

答案：允许停车过程时间

15.《供配电系统设计规范》(GB 50052—2009)规定，各级负荷的备用电源设置可根据用电需要确定，备用电源必须与________隔离。

答案：应急电源

16.《供配电系统设计规范》(GB 50052—2009)规定，应急电源与正常电源之间，应采取防止________的措施。

答案：并列运行

17.《供配电系统设计规范》(GB 50052—2009)规定，需要两回电源线路的用户，宜采用________供电。

答案：同级电压

18.《供配电系统设计规范》(GB 50052—2009)规定，根据负荷的容量和分布，配变电站应靠近________。

答案：负荷中心

19.《供配电系统设计规范》(GB 50052—2009)规定，在用户内部邻近的变电站之间，宜设置________。

答案：低压联络线

20.《供配电系统设计规范》(GB 50052—2009)规定，供电电压大于等于35kV，当能减少________、________及技术经济合理时，配电电压宜采用35kV或相应等级电压。

答案：配变电级数　简化结线

21.《供配电系统设计规范》(GB 50052—2009)规定，220V或380V单相用电设备接入220/380V三相系统时，宜使________。

答案：三相平衡

22.《供配电系统设计规范》(GB 50052—2009)规定，设计中应正确选择电动机、变压器的容量，降低________。

答案：线路感抗

23.《供配电系统设计规范》(GB 50052—2009)规定，当采用提高自然功率因数措施后，仍达不到电网合理运行要求时，应采用并联________作为无功补偿装置。

答案：电力电容器

24.《供配电系统设计规范》（GB 50052—2009）规定，无功补偿容量宜按__________或__________确定。

答案：无功功率曲线　　无功补偿计算方法

二、不定项选择题

1.《供配电系统设计规范》（GB 50052—2009）规定，为使供配电系统设计贯彻执行国家的（　　）政策，做到保障人身安全，供电可靠，技术先进和经济合理，制定本规范。

A.节能减排　　B.科学规范

C.技术经济　　D.高效节能

答案：C

2.《供配电系统设计规范》（GB 50052—2009）适用于新建、扩建和改建的（　　）供配电系统的设计。

A.用户端　　B.电网端

C.供电端　　D.低压侧

答案：A

3.《供配电系统设计规范》（GB 50052—2009）规定，电压偏差应符合用电设备端电压的要求，大于等于35kV电网的有载调压宜实行逆调压方式。逆调压的范围为额定电压的（　　）。

A.–5% ~ +5%　　B.–5% ~ 0

C.0 ~ +5%　　D.–10% ~ +5%

答案：C

4.《供配电系统设计规范》（GB 50052—2009）规定，由地区公共低压电网供电的220V负荷，线路电流小于或等于（　　）A时，可采用220V单相供电。

A.60　　B.50

C.40　　D.70

答案：A

5.《供配电系统设计规范》（GB 50052—2009）规定，接在电动机控制设备侧电容器的额定电流，不应超过电动机励磁电流的（　　）倍。

A.1.1　　B.1.2

C.1　　D.0.9

答案：D

6.《供配电系统设计规范》（GB 50052—2009）规定，在系统接地形式为TN及TT的低压电网中，当选用Yyn0结线组别的三相变压器时，其由单相不平衡负荷引起的中性线电流不得超过低压绕组额定电流的（　　），且其一相的电流在满载时不得超过额定电流值。

A.30%　　B.15%

C.25%　　D.50%

答案：C

7.《供配电系统设计规范》(GB 50052—2009)规定，控制各类非线性用电设备所产生的谐波引起的电网电压正弦波形畸变率，选用(　　)结线组别的三相配电变压器。

A.D，Yn11　　B.D，Yn0

C.Y，Yn11　　D.D，Yn

答案：A

8.《供配电系统设计规范》(GB 50052—2009)规定，容量较大，负荷平稳且经常使用的用电设备的无功功率宜(　　)就地补偿。

A.集中　　B.分散

C.单独　　D.分别

答案：C

9.《供配电系统设计规范》(GB 50052—2009)适用于(　　)的用户端供配电系统的设计。

A.新建　　B.改建

C.扩建　　D.改造

答案：ABC

10.《供配电系统设计规范》(GB 50052—2009)规定，隔离电器是指在(　　)或更换设备之前，为了提高安全的电器设备。

A.执行工作　　B.维修

C.检修　　D.故障测定

答案：ABD

11.《供配电系统设计规范》(GB 50052—2009)规定，用户的供电电压应根据(　　)、当地公共电网现状及其发展规划等因素，经技术经济比较确定。

A.用电容量　　B.用电设备特性

C.供电距离　　D.供电线路的回路数

答案：ABCD

12.《供配电系统设计规范》(GB 50052—2009)规定，计算电压偏差时，应计入采取(　　)措施后的调压效果。

A.自动或手动调整并联补偿电容器、并联电抗器的接入容量

B.自动或手动调整同步电动机的励磁电流

C.改变供配电系统运行方式

D.提高功率因数

答案：ABC

13.《供配电系统设计规范》(GB 50052—2009)规定，电容器分组时，应满足(　　)要求。

A.分组电容器投切时，不应产生谐振

B.适当减少分组组数和加大分组容量

C.应与配套设备的技术参数相适应

D.应符合满足电压偏差的允许范围

答案：ABCD

14.《供配电系统设计规范》(GB 50052—2009)规定，变电站中的变压器在下列(　　)情况之一时，应采用有载调压变压器。

A.35kV以上电压的变电站中的降压变压器，直接向35kV、10(6)kV电网送电时

B.35kV降压变电站的主变压器，在电压偏差不能满足要求时

C.10kV降压变压器电压质量不符合要求时

D.都不对

答案：AB

15.《供配电系统设计规范》(GB 50052—2009)规定，无功自动调节方式，以节能为主进行补偿时，采用(　　)；当三相负荷平衡时，亦可采用功率因数参数调节。提供维持电网电压水平所必要的无功功率及以减少电压偏差为主进行补偿者，应按(　　)，但已采用变压器自动调压者除外。无功功率随时间稳定变化时，按(　　)。

A.有功功率参数调节　　B.无功功率参数调节

C.电压参数调节　　D.时间参数调节

答案：BCD

16.《供配电系统设计规范》(GB 50052—2009)规定，TN系统可分为(　　)。

A.TN-C　　B.TN-S

C.TN-C-S　　D.TT

答案：ABC

17.《供配电系统设计规范》(GB 50052—2009)规定，(　　)可作为应急电源。

A.独立于正常电源的发电机组　　B.独立于正常电源的专用的馈电线路

C.蓄电池　　D.干电池

答案：ABCD

18.《供配电系统设计规范》(GB 50052—2009)规定，正常运行情况下，用电设备端子处电压允许偏差值符合(　　)要求。

A.电动机为±5%额定电压

B.在一般工作场所照明为±5%额定电压

C.应急照明、道路照明和警卫照明等为+5%、-10%额定电压

D.其他用电设备当无特殊规定时为±5%额定电压

答案：ABCD

19.《供配电系统设计规范》(GB 50052—2009)规定，二级负荷的供电系统，宜由两回线路供电。在负荷较小或地区供电条件困难时，二级负荷可由一回(　　)kV专用的架空线路供电。

A.10　　B.0.4

C.6　　D.35

答案：ACD

三、判断题

1.《供配电系统设计规范》（GB 50052—2009）规定，供配电系统的设计，除一级负荷中的特别重要负荷外，可以按一个电源系统检修或故障的同时另一电源又发生故障进行设计。（　　）

答案：×

2.《供配电系统设计规范》（GB 50052—2009）规定，6kV 配电变压器不应采用有载调压变压器。（　　）

答案：×

3.《供配电系统设计规范》（GB 50052—2009）规定，带电导体系统的形式，宜采用单相单线制、两相三线制、三相三线制和三相四线制。（　　）

答案：×

4.《供配电系统设计规范》（GB 50052—2009）规定，中断供电将发生中毒、爆炸和火灾等情况的负荷，以及特别重要场所的不允许中断供电的负荷属于一级负荷中特别重要的负荷。（　　）

答案：√

5.《供配电系统设计规范》（GB 50052—2009）规定，逆调压方式就是负荷大时电网电压向高调，负荷小时电网电压向低调，以补偿电网的电压损失。（　　）

答案：√

6.《供配电系统设计规范》（GB 50052—2009）规定，电力系统有一点直接接地，电气装置的外露可导电部分通过保护线接至与电力系统接地点无关的接地极是 TT 系统。（　　）

答案：√

7.《供配电系统设计规范》（GB 50052—2009）规定，电力系统与大地间不直接连接，电气装置的外露可导电部分通过保护接地线与接地极连接是 IT 系统。（　　）

答案：√

8.《供配电系统设计规范》（GB 50052—2009）规定，中断供电将造成人身伤亡，中断供电将在经济上造成重大损失，中断供电将影响重要用电单位的正常工作，应视为一级负荷。（　　）

答案：√

9.《供配电系统设计规范》（GB 50052—2009）规定，一级负荷中特别重要的负荷供电，应符合除应由双重电源供电外，尚应增设应急电源，并不得将其他负荷接入应急供电系统。设备的供电电源的切换时间，应满足设备允许中断供电的要求。（　　）

答案：√

10.《供配电系统设计规范》（GB 50052—2009）规定，供配电系统的设计为减小电压偏差，应正确选择变压器的变压比和电压分接头，应降低系统阻抗，应采取补偿无功功率措施，宜使三相负荷平衡。（　　）

答案：√

四、简答题

1.《供配电系统设计规范》(GB 50052—2009)规定，应急电源应根据允许中断供电的时间选择，并应符合哪些规定？

答案:(1)允许中断供电时间为15s以上的供电，可选用快速自启动的发电机组。

(2)自投装置的动作时间能满足允许中断供电时间的，可选用带有自动投入装置的独立于正常电源之外的专用馈电线路。

(3)允许中断供电时间为毫秒级的供电，可选用蓄电池静止型不间断供电装置或柴油机不间断供电装置。

2.《供配电系统设计规范》(GB 50052—2009)规定，符合哪些条件时，用户宜设置自备电源？

答案:(1)需要设置自备电源作为一级负荷中的特别重要负荷的应急电源时或第二电源不能满足一级负荷的条件时。

(2)设置自备电源较从电力系统取得第二电源经济合理时。

(3)有常年稳定余热、压差、废弃物可供发电，技术可靠、经济合理时。

(4)所在地区偏僻，远离电力系统，设置自备电源经济合理时。

(5)有设置分布式电源的条件，能源利用效率高、经济合理时。

3.《供配电系统设计规范》(GB 50052—2009)规定，对波动负荷的供电，除电动机启动时允许的电压下降情况外，当需要降低波动负荷引起的电网电压波动和电压闪变时，宜采取哪些措施？

答案:(1)采用专线供电。

(2)与其他负荷共用配电线路时，降低配电线路阻抗。

(3)较大功率的波动负荷或波动负荷群与对电压波动、闪变敏感的负荷分别由不同的变压器供电。

(4)对于大功率电弧炉的炉用变压器由短路容量较大的电网供电。

(5)采用动态无功补偿装置或动态电压调节装置。

4.《供配电系统设计规范》(GB 50052—2009)规定，控制各类非线性用电设备所产生的谐波引起的电网电压正弦波形畸变率，宜采取哪些措施？

答案:(1)各类大功率非线性用电设备变压器由短路容量较大的电网供电。

(2)对大功率静止整流器，采用增加整流变压器二次侧的相数和整流器的整流脉冲数，或采用多台相数相同的整流装置，并使整流变压器的二次侧有适当的相角差，或按谐波次数装设分流滤波器。

(3)选用D，Yn11结线组别的三相配电变压器。

5.《供配电系统设计规范》(GB 50052—2009)规定，采用电力电容器作为无功补偿装置时，宜就地平衡补偿，并符合哪些要求？

答案:(1)低压部分的无功功率应由低压电容器补偿。

(2)高压部分的无功功率宜由高压电容器补偿。

(3)容量较大，负荷平稳且经常使用的用电设备的无功功率宜单独就地补偿。

（4）补偿基本无功功率的电容器组，应在配变电站内集中补偿。

（5）在环境正常的车间和建筑物内，低压电容器宜分散设置。

6.《供配电系统设计规范》（GB 50052—2009）规定，无功补偿装置的投切方式，具有哪些情况之一时，宜采用手动投切的无功补偿装置？

答案：（1）补偿低压基本无功功率的电容器组。

（2）常年稳定的无功功率。

（3）经常投入运行的变压器或每天投切次数少于3次的高压电动机及高压电容器组。

7.《供配电系统设计规范》（GB 50052—2009）规定，无功自动补偿的调节方式，宜根据哪些要求确定？

答案：（1）以节能为主进行补偿时，采用无功功率参数调节；当三相负荷平衡时，亦可采用功率因数参数调节。

（2）提供维持电网电压水平所必要的无功功率及以减少电压偏差为主进行补偿者，应按电压参数调节，但已采用变压器自动调压者除外。

（3）无功功率随时间稳定变化时，按时间参数调节。

第三节　20kV及以下变电所设计规范

一、填空题

1.《20kV及以下变电所设计规范》（GB 50053—2013）规定，当受条件限制必须设置在多层建筑物或高层建筑物的裙房中，应将油浸变压器的变电站设置在建筑物首层靠外墙的部位，且不得设置在人员密集场所的__________、__________、__________及__________的两旁。

答案：正上方　　正下方　　贴邻处　　疏散出口

2.《20kV及以下变电所设计规范》（GB 50053—2013）规定，配电所的专用电源线的进线开关宜采用__________或__________组合电器。

答案：断路器　　负荷开关—熔断器

3.《20kV及以下变电所设计规范》（GB 50053—2013）规定，两个配电所之间的联络线，应在供电侧装设__________，另一侧宜装设负荷开关、__________或__________。

答案：断路器　　隔离开关　　隔离触头

4.《20kV及以下变电所设计规范》（GB 50053—2013）规定，配电所的引出线宜装设__________。

答案：断路器

5.《20kV及以下变电所设计规范》（GB 50053—2013）规定，在高压固定式配电装置中采用负荷开关—熔断器组合电器时，应在电源侧装设__________。

答案：隔离开关

6.《20kV及以下变电所设计规范》（GB 50053—2013）规定，电源以__________供电时，应装设断路器、负荷开关－熔断器组合电器或跌落式熔断器。

答案：树干式

7.《20kV及以下变电所设计规范》（GB 50053—2013）规定，电源以放射式供电时，宜装设＿＿＿＿＿或＿＿＿＿＿，当变压器安装在本配电所内时，可不装设高压开关。

答案：隔离开关　负荷开关

8.《20kV及以下变电所设计规范》（GB 50053—2013）规定，当低压母线为双电源、变压器低压侧总开关和母线分段开关采用低压断路器时，在总开关的出线侧及母线分段开关的两侧，宜装设＿＿＿＿＿或＿＿＿＿＿。

答案：隔离开关　隔离触头

9.《20kV及以下变电所设计规范》（GB 50053—2013）规定，由地区电网供电的配电所或变电站的电源进线处，应设置＿＿＿＿＿。

答案：专用计量柜

10.《20kV及以下变电所设计规范》（GB 50053—2013）规定，配电装置的布置和导体、电器、架构的选择，应符合＿＿＿＿＿、检修及＿＿＿＿＿和过电压等故障情况的要求。

答案：正常运行　过电流

11.《20kV及以下变电所设计规范》（GB 50053—2013）规定，高层主体建筑内变电站应选用＿＿＿＿＿或＿＿＿＿＿型变压器。

答案：不燃　难燃

12.《20kV及以下变电所设计规范》（GB 50053—2013）规定，在多尘或有腐蚀性气体严重影响变压器安全运行的场所，应选用＿＿＿＿＿或＿＿＿＿＿的变压器。

答案：全封闭型　防腐型

13.《20kV及以下变电所设计规范》（GB 50053—2013）规定，当有两回路所用电源时，宜装设备用电源＿＿＿＿＿装置。

答案：自动投入

14.《20kV及以下变电所设计规范》（GB 50053—2013）规定，大中型配电所、变电站宜设＿＿＿＿＿。

答案：检修电源

15.《20kV及以下变电所设计规范》（GB 50053—2013）规定，低压配电装置内，应留有适当数量的＿＿＿＿＿。

答案：备用回路

16.《20kV及以下变电所设计规范》（GB 50053—2013）规定，设置在变电站内的非封闭式干式变压器，应装设高度不低于＿＿＿m的固定围栏，围栏网孔不应大于＿＿＿＿＿mm。

答案：1.8　40×40

17.《20kV及以下变电所设计规范》（GB 50053—2013）规定，当低压配电装置两个出口间的距离超过＿＿＿＿＿m时应增加出口。

答案：15

18.《20kV及以下变电所设计规范》（GB 50053—2013）规定，电容器的绝缘水平应根据电容器接入电网处的__________和电容器组__________、安装方式的要求进行计算。

答案：电压等级　　接线方式

19.《20kV及以下变电所设计规范》（GB 50053—2013）规定，高压电容器宜采用__________的电容器，低压电容器宜采用__________电容器。

答案：难燃介质　　自愈式

20.《20kV及以下变电所设计规范》（GB 50053—2013）规定，并联电容器装置的电器和导体应符合在当地环境条件下正常运行、__________和__________的要求。

答案：过电压状态　　短路故障

21.《20kV及以下变电所设计规范》（GB 50053—2013）规定，电容器的额定电压与电力网的标称电压相同时，应将电容器的__________和__________接地。

答案：外壳　　支架

22.《20kV及以下变电所设计规范》（GB 50053—2013）规定，成套电容器柜单列布置时，柜前通道宽度不应小于__________m，当双列布置时，柜面之间的距离不应小于__________m。

答案：1.5　　2.0

23.《20kV及以下变电所设计规范》（GB 50053—2013）规定，独立变电站、附设变电站、露天或半露天变电站中，油量大于或等于__________kg的油浸变压器，应设置储油池或挡油池。

答案：1000

24.《20kV及以下变电所设计规范》（GB 50053—2013）规定，变压器室、配电室、电容器室等房间应设置防止__________、__________和__________、__________等小动物从采光窗、通风窗、门、电缆沟等处进入室内的设施。

答案：雨　　雪　　蛇　　鼠

25.《20kV及以下变电所设计规范》（GB 50053—2013）规定，配电装置室的门和变压器室的门的高度和宽度，宜按最大部件__________尺寸，高度加0.5m，宽度加0.3m确定。

答案：不可拆卸

26.《20kV及以下变电所设计规范》（GB 50053—2013）规定，当变电站设置在建筑物内或地下室时，应设置设备__________。

答案：搬运通道

27.《20kV及以下变电所设计规范》（GB 50053—2013）规定，变电站、配电所位于室外地坪以下的__________、__________和__________应采取防水、排水措施。

答案：电缆夹层　　电缆沟　　电缆室

28.《20kV及以下变电所设计规范》（GB 50053—2013）规定，当变压器室、电容器室周围环境污秽时，宜加设__________。

答案：空气过滤器

29.《20kV及以下变电所设计规范》（GB 50053—2013）规定，装有六氟化硫气体绝缘的配电装置的房间，在发生事故时，房间内易聚集六氟化硫气体的部位，应装设__________和__________。

答案：报警信号　排风装置

二、不定项选择题

1.《20kV及以下变电所设计规范》（GB 50053—2013）规定，在架空出线或有电源反馈可能的电缆出线的高压固定式配电装置的馈线回路中，应在（　　）装设隔离开关。

A.负荷侧　　B.线路侧

C.电源侧　　D.所有部位

答案：B

2.《20kV及以下变电所设计规范》（GB 50053—2013）规定，变压器二次侧电压为（　　）V及以下的总开关，宜采用低压断路器。

A.2000　　B.1500

C.1000　　D.800

答案：C

3.《20kV及以下变电所设计规范》（GB 50053—2013）规定，有防止不同电源并联运行要求时，来自不同电源的进线低压断路器与母线分段的低压断路器之间应设防止不同电源并联运行的（　　）。

A.可靠闭锁　　B.电气闭锁

C.机械闭锁　　D.电气联锁

答案：D

4.《20kV及以下变电所设计规范》（GB 50053—2013）规定，采用660（690）V交流三相配电系统时，应设（　　）。

A.专用变压器　　B.三相变压器

C.照明专用变压器　　D.低压变压器

答案：C

5.《20kV及以下变电所设计规范》（GB 50053—2013）规定，在低压电网中，配电变压器宜选用（　　）接线组别的三相变压器。

A.Yyn11　　B.Dyn0

C.Dyn11　　D.Dyn

答案：C

6.《20kV及以下变电所设计规范》（GB 50053—2013）规定，预装式变电站的进、出线宜采用（　　）。

A.架空线路　　B.低压线路

C.高压线路　　D.电缆

答案：D

7.《20kV及以下变电所设计规范》（GB 50053—2013）规定，变电站中低压为0.4kV的单台变压器的容量不宜大于（　　）kVA。

A.800　　B.1250

C.1000　　D.1600

答案：B

8.《20kV及以下变电所设计规范》（GB 50053—2013）规定，预装式变电站单台变压器的容量不宜大于（　　）kVA。

A.800　　B.1250

C.1000　　D.1600

答案：A

9.《20kV及以下变电所设计规范》（GB 50053—2013）规定，供给一级负荷用电的两回电源线路的电缆不宜通过同一电缆沟；当无法分开时，应采用（　　）。

A.普通电缆　　B.防火电缆

C.防爆电缆　　D.阻燃电缆

答案：D

10.《20kV及以下变电所设计规范》（GB 50053—2013）规定，配电装置的长度大于（　　）m时，其柜（屏）后通道应设两个出口。

A.5　　B.6

C.7　　D.8

答案：B

11.《20kV及以下变电所设计规范》（GB 50053—2013）规定，当配电屏与干式变压器靠近布置时，干式变压器通道的最小宽度应为（　　）mm。

A.500　　B.600

C.700　　D.800

答案：D

12.《20kV及以下变电所设计规范》（GB 50053—2013）规定，电容器的额定电压应按电容器接入电网处的运行电压计算，电容器应能承受（　　）倍长期工频过电压。

A.1　　B.1.1

C.1.2　　D.1.3

答案：B

13.《20kV及以下变电所设计规范》（GB 50053—2013）规定，并联电容器装置的总回路和分组回路的电器和导体的稳态过电流应为电容器组额定电流的（　　）倍。

A.1.35　　B.1.1

C.0.8　　D.1.3

答案：A

14.《20kV及以下变电所设计规范》（GB 50053—2013）规定，变压器室、配电室和电容器室的耐火等级不应低于（　　）级。

A.一　　B.二

C.三　　D.四

答案：B

15.《20kV及以下变电所设计规范》(GB 50053—2013)规定，变电站位于地下层或下面有地下层时，通向其他相邻房间或过道的门应为(　　)级防火门。

A.甲　　B.乙

C.丙　　D.丁

答案：A

16.《20kV及以下变电所设计规范》(GB 50053—2013)规定，高层建筑物的裙房和多层建筑物内的附设变电站及车间内变电站的油浸变压器室，应设置容量为(　　)变压器油量的储油池。

A.70%　　B.80%

C.90%　　D.100%

答案：D

17.《20kV及以下变电所设计规范》(GB 50053—2013)规定，电容器组应装设放电器件，放电线圈的放电容量不应小于与其并联的电容器组容量。放电器件应满足断开电源后电容器组两端的电压从2倍额定电压降至50V所需的时间，高压电容器不应大于(　　)，低压电容器不应大于(　　)。

A.4s，1min　　B.5s，3min

C.5s，1min　　D.5min，1s

答案：B

18.《20kV及以下变电所设计规范》(GB 50053—2013)规定，高层或超高层建筑物根据需要可以在(　　)设置配电所、变电站，但应设置设备的垂直搬运及电缆敷设的措施。

A.避难层　　B.设备层

C.裙房　　D.屋顶

答案：ABD

19.《20kV及以下变电所设计规范》(GB 50053—2013)规定，配电所、变电站的高压及低压母线宜采用(　　)接线。

A.单母线　　B.双母线

C.线路变压器组　　D.分段单母线

答案：AD

20.《20kV及以下变电所设计规范》(GB 50053—2013)规定，当分配电所的进线需要(　　)要求时，分配电所的进线开关应采用断路器。

A.带负荷操作　　B.有继电保护

C.有自动装置　　D.空载运行

答案：ABC

21.《20kV及以下变电所设计规范》(GB 50053—2013)规定，配电所的引出线满足继电保护和操作要求时，可装设(　　)。

A.隔离开关　　B.断路器

C.负荷开关—熔断器组合电器　　　　　　D.隔离触头

答案：BC

22.《20kV及以下变电所设计规范》（GB 50053—2013）规定，变压器二次侧电压为3～10kV的总开关可采用负荷开关—熔断器组合电器、隔离开关或隔离触头。但当有（　　）情况之一时，应采用断路器。

A.配电出线回路较多　　　　　　B.变压器有并列运行要求或需要转换操作

C.需要倒闸操作时　　　　　　D.二次侧总开关有继电保护或自动装置要求

答案：ABD

23.《20kV及以下变电所设计规范》（GB 50053—2013）规定，配电装置的布置和导体、电器、架构的选择，应符合（　　）等故障情况的要求。

A.正常运行　　　　　　B.检修

C.短路　　　　　　D.过电压

答案：ABD

24.《20kV及以下变电所设计规范》（GB 50053—2013）规定，露天或半露天变电站的变压器四周应设高度不低于（　　）m的固定围栏或围墙，变压器外廓与围栏或围墙的净距不应小于（　　）m，变压器底部距地面不应小于（　　）m。

A.0.8　　　　　　B.1.8

C.0.5　　　　　　D.0.3

答案：BAD

25.《20kV及以下变电所设计规范》（GB 50053—2013）规定，露天或半露天变电站的变压器油重小于1000kg的相邻油浸变压器外廓之间的净距不应小于（　　）m；油重1000～2500kg的相邻油浸变压器外廓之间的净距不应小于（　　）m；油重大于2500kg的相邻油浸变压器外廓之间的净距不应小于（　　）m。

A.5.0　　　　　　B.4.0

C.3.0　　　　　　D.1.5

答案：DCA

26.《20kV及以下变电所设计规范》（GB 50053—2013）规定，变电站各房间经常开启的门、窗，不应直通相邻的（　　）和噪声严重的场所。

A.酸　　　　　　B.碱

C.蒸汽　　　　　　D.粉尘

答案：ABCD

27.《20kV及以下变电所设计规范》（GB 50053—2013）规定，装有两台及以上变压器的变电站，当其中任一台变压器断开时其余变压器的容量应满足全部（　　）级负荷的用电。

A.一　　　　　　B.二

C.三　　　　　　D.四

答案：AB

28.《20kV及以下变电所设计规范》（GB 50053—2013）规定，变电站的地址选择应满足（　　）条件。

A.宜接近负荷中心　　B.宜远离电源侧

C.应方便进出线　　D.应方便设备运输

E.不应设在有剧烈振动或高温的场所

答案：ACDE

三、判断题

1.《20kV及以下变电所设计规范》（GB 50053—2013）规定，在多层建筑物或高层建筑物的裙房中，不应设置油浸变压器的变电站。（　　）

答案：×

2.《20kV及以下变电所设计规范》（GB 50053—2013）规定，高层主体建筑内不应设置油浸变压器的变电站。（　　）

答案：√

3.《20kV及以下变电所设计规范》（GB 50053—2013）规定，当对供电连续性要求很高时，高压母线必须采用双母线接线。（　　）

答案：×

4.《20kV及以下变电所设计规范》（GB 50053—2013）规定，配电所母线的分段开关宜采用断路器。（　　）

答案：√

5.《20kV及以下变电所设计规范》（GB 50053—2013）规定，配电所的非专用电源线的进线侧，应装设断路器或负荷开关—熔断器组合电器。（　　）

答案：√

6.《20kV及以下变电所设计规范》（GB 50053—2013）规定，接在配电所、变电站的架空进、出线上的避雷器，应装设隔离开关。（　　）

答案：×

7.《20kV及以下变电所设计规范》（GB 50053—2013）规定，有防止不同电源并联运行要求时，来自不同电源的进线低压断路器与母线分段的低压断路器之间应设防止不同电源并联运行的电气或机械联锁。（　　）

答案：×

8.《20kV及以下变电所设计规范》（GB 50053—2013）规定，变电站采用双层布置时，变压器应设在上层。（　　）

答案：×

9.《20kV及以下变电所设计规范》（GB 50053—2013）规定，当露天或半露天变压器供给一级负荷用电时，相邻油浸变压器的净距不应小于8m。（　　）

答案：×

10.《20kV及以下变电所设计规范》（GB 50053—2013）规定，高压电容器组可采用三角形接线或星形接线，低压电容器组应采用中性点不接地的星形接线。（　　）

答案：×

11.《20kV及以下变电所设计规范》（GB 50053—2013）规定，变压器室、配电室、电容器室的门应向内开启。（　　）

答案：×

12.《20kV及以下变电所设计规范》（GB 50053—2013）规定，在变压器、配电装置和裸导体的正上方不应布置灯具。（　　）

答案：√

四、简答题

1.《20kV及以下变电所设计规范》（GB 50053—2013）规定，在多层或高层建筑物的地下层设置非充油电气设备的配电所、变电站时，应符合哪些规定？

答案：（1）当有多层地下层时，不应设置在最底层；当只有地下一层时，应采取抬高地面和防止雨水、消防水等积水的措施。

（2）应设置设备运输通道。

（3）应根据工作环境要求加设机械通风、去温设备或空气调节设备。

2.《20kV及以下变电所设计规范》（GB 50053—2013）规定，露天或半露天的变电站，不应设置在哪些场所？

答案：（1）有腐蚀性气体的场所。

（2）挑檐为燃烧体或难燃体和耐火等级为四级的建筑物。

（3）附近有棉、粮及其他易燃、易爆物品集中的露天堆场。

（4）容易沉积可燃粉尘、可燃纤维、灰尘或导电尘埃且会严重影响变压器安全运行的场所。

3.《20kV及以下变电所设计规范》（GB 50053—2013）规定，变压器一次侧高压开关的装设，应符合哪些规定？

答案：（1）电源以树干式供电时，应装断路器、负荷开关—熔断器组合电器或跌落式熔断器。

（2）电源以放射式供电时，宜装设隔离开关或负荷开关。当变压器安装在本配电所内时，可不装设高压开关。

4.《20kV及以下变电所设计规范》（GB 50053—2013）规定，符合哪些条件时，变电站宜装设两台及以上变压器？

答案：（1）有大量一级负荷或二级负荷时。

（2）季节性负荷变化较大时。

（3）集中负荷较大时。

5.《20kV及以下变电所设计规范》（GB 50053—2013）规定，用于并联电容器装置的断路器应符合电容器组投切的设备要求，技术性能除应符合一般断路器的技术要求外，还应符合哪些规定？

答案：（1）断路器应具备频繁操作电容器的性能。

（2）断路器关合时触头弹跳不应大于限定值，开断时不应重击穿。

（3）断路器应能承受关合涌流，以及工频短路电流和电容器高频涌流的联合作用。

6.《20kV及以下变电所设计规范》(GB 50053—2013)规定，位于哪些场所的油浸变压器室的门应采用甲级防火门。

答案：(1)有火灾危险的车间内。

(2)容易沉积可燃粉尘、可燃纤维的场所。

(3)附近有粮、棉及其他易燃物大量集中的露天堆场。

(4)民用建筑物内，门通向其他相邻房间。

(5)油浸变压器室下面有地下室。

7.《20kV及以下变电所设计规范》(GB 50053—2013)规定，位于哪些场所的油浸变压器室，应设置容量为100%变压器油量的储油池或挡油设施?

答案：(1)容易沉积可燃粉尘、可燃纤维的场所。

(2)附近有粮、棉及其他易燃物大量集中的露天场所。

(3)油浸变压器室下面有地下室。

第四节　低压配电设计规范

一、填空题

1.《低压配电设计规范》(GB 50054—2011)规定，配电线路装设的上下级保护电器，其动作特性应具有＿＿＿＿＿，且各级之间应能协调配合。

答案：选择性

2.《低压配电设计规范》(GB 50054—2011)规定，等电位联结是指多个可导电部分间为达到＿＿＿＿＿进行的联结。

答案：等电位

3.《低压配电设计规范》(GB 50054—2011)规定，断路器能＿＿＿＿＿、＿＿＿＿＿和＿＿＿＿＿正常电路条件下的电流，也能在短路等规定的非正常条件下接通、承载电流一定时间和分断电流的一种机械开关电器。

答案：接通　承载　分断

4.《低压配电设计规范》(GB 50054—2011)规定，当＿＿＿＿＿、＿＿＿＿＿和＿＿＿＿＿设备需断开电源时，应设置隔离电器。

答案：维护　测试　检修

5.《低压配电设计规范》(GB 50054—2011)规定，采用剩余电流动作保护电器作为间接接触防护电器的回路时，必须装设＿＿＿＿＿。

答案：保护导体

6.《低压配电设计规范》(GB 50054—2011)规定，铜相导体截面积不大于＿＿＿＿或铝相导体截面积不大于＿＿＿＿＿的三相四线制线路，中性导体的截面积应与相导体的截面相同。

答案：$16mm^2$　$25mm^2$

二、不定项选择题

1.《低压配电设计规范》(GB 50054—2011)规定，低压配电线路中，下列说法错误的是(　　)。

A.在TN-C系统中不应将保护接地中性导体隔离，严禁将保护接地中性导体接入开关电器

B.半导体开关电器，严禁作为隔离电器

C.隔离器、熔断器和连接片，可作为功能性开关电器

D.采用剩余电流动作保护电器作为间接接触防护电器的回路时，必须装设保护导体

答案：C

2.《低压配电设计规范》(GB 50054—2011)规定，低压配电线路中，下列说法错误的是(　　)。

A.装置外，可导电部分严禁作为保护接地中性导体的一部分

B.配电室通道上方，裸带电体距地面的高度不应低于3.5m

C.配电线路应装设短路保护和过负荷保护

D.除配电室外，无遮护的裸导体至地面的距离，不应小于3.5m

答案：B

3.《低压配电设计规范》(GB 50054—2011)规定，在(　　)系统中不应将保护接地中性导体隔离，严禁将保护接地中性导体接入开关电器。

A.TN-S　　B.TN-C

C.TN-C-S　　D.TT

答案：B

4.《低压配电设计规范》(GB 50054—2011)规定，(　　)情况，中性导体的截面积应与相导体的截面积相同。

A.单相两线制线路　　B.铜相导体截面积不大于$16mm^2$

C.铝相导体截面积不大于$25mm^2$　　D.铝相导体截面积不大于$30mm^2$

答案：ABC

5.《低压配电设计规范》(GB 50054—2011)规定，隔离电器可采用(　　)电器。

A.单级或多级隔离开关、隔离插头　　B.连接片

C.半导体开关电器　　D.熔断器

答案：ABD

6.《低压配电设计规范》(GB 50054—2011)规定，功能性开关电器可采用(　　)电器。

A.开关　　B.断路器

C.继电器　　D.16A及以下的插头和插座

答案：ABCD

7.《低压配电设计规范》(GB 50054—2011)规定，配电线路的敷设，应符合(　　)条件。

A.与场所环境的特征相适应

B. 与建筑物和构筑物的特征相适应

C. 能承受短路可能出现的机电应力

D. 能承受安装期间或运行中布线可能遭受的其他应力和导线的自重

答案：ABCD

8.《低压配电设计规范》（GB 50054—2011）规定，在有人的一般场所，人距裸带电体的伸臂范围叙述正确的是（　　）。

A. 裸带电体布置在有人活动的上方时裸带电体与地面或平台的垂直净距离不应小于2m

B. 裸带电体布置在有人活动的侧面或下方时，裸带电体边缘水平净距不应小于1.25m

C. 当裸带电体具有防护等级低于IP2X级的遮护物时，伸臂范围应从遮护物算起

D. 裸带电体布置在有人活动的上方时裸带电体与地面或平台的垂直净距离不应小于5m

答案：BC

三、判断题

1.《低压配电设计规范》（GB 50054—2011）规定，选择导体截面，导体应满足动稳定或热稳定的要求。（　　）

答案：×

2.《低压配电设计规范》（GB 50054—2011）规定，电气竖井内不应设有与其无关的管道。（　　）

答案：√

3.《低压配电设计规范》（GB 50054—2011）规定，配电室通道上方裸带电体距地面的高度不应低于3m。（　　）

答案：×

4.《低压配电设计规范》（GB 50054—2011）规定，配电线路应装设速断保护和过负荷保护。（　　）

答案：×

5.《低压配电设计规范》（GB 50054—2011）规定，装置外可导电部分可作为保护接地中性导体的一部分。（　　）

答案：×

6.《低压配电设计规范》（GB 50054—2011）规定，铝相导体截面积不大于30mm^2，则中性导体的截面积应与相导体的截面积相同。（　　）

答案：×

四、简答题

1.《低压配电设计规范》（GB 50054—2011）规定，隔离电器应符合哪些规定？

答案：（1）断开触头之间的隔离距离，应可见或能明显标示“闭合”和“断开”状态。

（2）隔离电器应能防止意外的闭合。

（3）应有防止意外断开隔离电器的锁定措施。

2.《低压配电设计规范》（GB 50054—2011）规定，当建筑物配电系统符合哪些情况

时，宜设置剩余电流监测或保护电器，其应动作于信号或切断电源？

答案：（1）配电线路绝缘损坏时，可能出现接地故障。

（2）接地故障产生的接地电弧，可能引起火灾危险。

第五节　3kV～110kV高压配电装置设计规范

一、填空题

1.《3kV～110kV高压配电装置设计规范》（GB 50060—2008）规定，配电装置的设计应根据工程特点、规模和发展规划，做到__________期结合，并应以__________期为主，同时应适当留有扩建的余地。

答案：远　　近

2.《3kV～110kV高压配电装置设计规范》（GB 50060—2008）规定，配电装置各回路的__________排列宜一致。

答案：相序

3.《3kV～110kV高压配电装置设计规范》（GB 50060—2008）规定，屋内、屋外配电装置的隔离开关与相应的断路器和接地刀闸之间应装设__________。

答案：闭锁装置

4.《3kV～110kV高压配电装置设计规范》（GB 50060—2008）规定，选用导体的长期允许电流不得小于该回路的__________电流。

答案：持续工作

5.《3kV～110kV高压配电装置设计规范》（GB 50060—2008）规定，110kV及以下软导线宜选用__________。

答案：钢芯铝绞线

6.《3kV～110kV高压配电装置设计规范》（GB 50060—2008）规定，隔离开关应根据正常__________和__________条件的要求选择。

答案：运行条件　　短路故障

7.《3kV～110kV高压配电装置设计规范》（GB 50060—2008）规定，气体绝缘金属封闭开关设备配电装置宜采用__________方式。

答案：多点接地

8.《3kV～110kV高压配电装置设计规范》（GB 50060—2008）规定，在气体绝缘金属封闭开关设备配电装置内，应设置一条贯穿所有气体绝缘金属封闭开关设备间隔的__________或__________。

答案：接地母线　　环形接地母线

9.《3kV～110kV高压配电装置设计规范》（GB 50060—2008）规定，配电装置室应按事故排烟要求装设__________装置。

答案：事故通风

10.《3kV～110kV高压配电装置设计规范》(GB 50060—2008)规定，3～35kV配电装置的电流互感器、电压互感器宜选用__________绝缘结构。

答案：树脂浇注

二、不定项选择题

1.《3kV～110kV高压配电装置设计规范》(GB 50060—2008)规定，当露天或半露天变压器供给一级负荷用电时，相邻油浸变压器的净距不应小于（　　）m。

A.1.5　　B.3

C.5　　D.6

答案：C

2.《3kV～110kV高压配电装置设计规范》(GB 50060—2008)规定，高压配电室内成套布置的高压配电装置，当开关柜侧面需设置通道时，通道宽度不应小于（　　）mm。

A.200　　B.800

C.1000　　D.1200

答案：B

3.《3kV～110kV高压配电装置设计规范》(GB 50060—2008)规定，屋外配电装置，电气设备外绝缘体最低部位距地小于（　　）mm时，应装设固定遮栏。

A.1500　　B.1800

C.2000　　D.2500

答案：D

4.《3kV～110kV高压配电装置设计规范》(GB 50060—2008)规定，屋内配电装置，电气设备外绝缘体最低部位距地小于（　　）mm时，应装设固定遮栏。

A.1800　　B.2000

C.2300　　D.2500

答案：C

5.《3kV～110kV高压配电装置设计规范》(GB 50060—2008)规定，就地检修的室内油浸变压器，室内高度可按吊芯所需的最小高度再加（　　）mm，宽度可按变压器两侧各加（　　）mm。

A.500，600　　B.600，700

C.700，800　　D.800，900

答案：C

6.《3kV～110kV高压配电装置设计规范》(GB 50060—2008)规定，配电装置的布置、导体、电气设备及架构的选择，应满足系统（　　）年规划容量的要求。

A.5～10　　B.10～15

C.1～5　　D.5～20

答案：B

7.《3kV～110kV高压配电装置设计规范》(GB 50060—2008)规定，110kV的电器及金具，在（　　）倍最高相电压下，晴天夜晚不应出现可见电晕。

A.1.0　　B.1.1

C.1.2　　D.1.3

答案：B

8.《3kV ~ 110kV 高压配电装置设计规范》（GB 50060—2008）规定，裸导体的正常最高工作温度不应大于（　　）℃。

A.70　　B.80

C.90　　D.100

答案：A

9.《3kV ~ 110kV 高压配电装置设计规范》（GB 50060—2008）规定，设置于屋内的无外壳干式变压器，其外廓与四周墙壁的净距不应小于（　　）mm。

A.600　　B.700

C.800　　D.850

答案：A

10.《3kV ~ 110kV 高压配电装置设计规范》（GB 50060—2008）规定，屋外配电装置裸露的带电部分的上面和下面，不应有（　　）线路架空跨越或穿过。

A.照明　　B.通信

C.信号　　D.电力

答案：ABC

11.《3kV ~ 110kV 高压配电装置设计规范》（GB 50060—2008）规定，配电装置的布置，应便于设备的（　　）。

A.操作　　B.搬运

C.检修　　D.试验

答案：ABCD

12.《3kV ~ 110kV 高压配电装置设计规范》（GB 50060—2008）规定，66 ~ 110kV 屋外配电装置，其周围宜设置高度不低于（　　）mm 的围栏。

A.1000　　B.1200

C.1400　　D.1500

答案：D

13.《3kV ~ 110kV 高压配电装置设计规范》（GB 50060—2008）规定，架构设计正常运行时，应取设计（　　）3 种情况中最严重者。

A.最大风速　　B.最低气温

C.最大风偏　　D.最厚覆冰

答案：ABD

14.《3kV ~ 110kV 高压配电装置设计规范》（GB 50060—2008）规定，屋内气体绝缘金属封闭开关设备配电装置两侧应设置（　　）的通道。

A.安装　　B.施工

C.检修　　D.巡视

答案：ACD

15.《3kV～110kV高压配电装置设计规范》(GB 50060—2008)规定，35kV及以下电压等级的断路器，宜选用(　　)断路器和(　　)断路器。

A.真空　　B.SF_6

C.多油　　D.气体

答案：AB

三、判断题

1.《3kV～110kV高压配电装置设计规范》(GB 50060—2008)规定，配电装置各回路可按面对出线，自右至左、由远而近、从上到下的顺序排列。(　　)

答案：×

2.《3kV～110kV高压配电装置设计规范》(GB 50060—2008)规定，66～110kV配电装置内的母线排列顺序，宜为靠变压器侧布置的母线为Ⅰ母、靠线路侧布置的母线为Ⅱ母。(　　)

答案：√

3.《3kV～110kV高压配电装置设计规范》(GB 50060—2008)规定，66～110kV敞开式配电装置，每段母线上应配置接地开关。(　　)

答案：√

4.《3kV～110kV高压配电装置设计规范》(GB 50060—2008)规定，66～110kV配电装置，应采用金属氧化物避雷器进行过电压保护。(　　)

答案：×

5.《3kV～110kV高压配电装置设计规范》(GB 50060—2008)规定，配电装置中电气设备的栅状遮栏高度不应大于1200mm，栅状遮栏最低栏杆至地面的净距不应大于200mm。(　　)

答案：×

6.《3kV～110kV高压配电装置设计规范》(GB 50060—2008)规定，外壳和支架上的感应电压，正常运行条件下不应大于12V，故障条件下不应大于100V。(　　)

答案：×

7.《3kV～110kV高压配电装置设计规范》(GB 50060—2008)规定，相邻配电装置之间有门时，应单向开启。(　　)

答案：×

8.《3kV～110kV高压配电装置设计规范》(GB 50060—2008)规定，110kV屋外敞开式配电装置不应带电检修。(　　)

答案：√

9.《3kV～110kV高压配电装置设计规范》(GB 50060—2008)规定，66～110kV敞开式配电装置，每组主母线的三相上不宜装设电压互感器，当需要监视和检测线路侧有无电压时，出线侧的一相上宜装设电压互感器。(　　)

答案：×

四、简答题

《3kV～110kV高压配电装置设计规范》(GB 50060—2008)规定，35kV及以下电压等级的配电装置宜采用金属封闭开关设备，金属成套开关设备应具备哪些功能？

答案：（1）防止误分、误合断路器。

（2）防止带负荷拉合隔离开关。

（3）防止带电挂接地线（合接地开关）。

（4）防止带接地线关（合）断路器（隔离开关）。

（5）防止误入带电间隔。

第六节　电气装置安装工程电气设备交接试验标准

一、填空题

1.《电气装置安装工程电气设备交接试验标准》（GB 50150—2016）规定，1600kVA及以下电压等级三相变压器，各相测得值的相互差值应小于平均值的__________%，线间测得值的相互差值应小于平均值的2%。1600kVA以上三相变压器，各相测得值的相互差值应小于平均值的__________%，线间测得值的相互差值应小于平均值的__________%。

答案：4　2　1

2.《电气装置安装工程电气设备交接试验标准》（GB 50150—2016）规定，变压器的直流电阻，与同温下产品出厂实测数值比较，相应变化不应大于__________%。

答案：2

3.《电气装置安装工程电气设备交接试验标准》（GB 50150—2016）规定，测量与铁芯绝缘的各紧固件（连接片可拆开者）及铁芯（有外引接地线的）绝缘电阻应符合下列规定，采用2500V绝缘电阻表测量，持续时间为__________min，应无闪络及击穿现象。

答案：1

4.《电气装置安装工程电气设备交接试验标准》（GB 50150—2016）规定，交流耐压试验可以采用外施__________试验的方法，也可采用__________试验的方法。

答案：工频电压　感应电压

5.《电气装置安装工程电气设备交接试验标准》（GB 50150—2016）规定，试验电压波形尽可能接近__________，试验电压值为测量电压的峰值除以2，试验时应在高压端监测。

答案：正弦

6.《电气装置安装工程电气设备交接试验标准》（GB 50150—2016）规定，外施交流电压试验电的频率应为__________Hz，全电压下耐受时间为60s。

答案：45 ~ 65

7.《电气装置安装工程电气设备交接试验标准》（GB 50150—2016）规定，在额定电压下对变压器的冲击合闸试验，应进行__________次，每次间隔时间宜为__________min，应无异常现象。

答案：5　5

8.《电气装置安装工程电气设备交接试验标准》（GB 50150—2016）规定，变压器冲击合闸宜在变压器＿＿＿＿＿进行；对中性点接地的电力系统，试验时变压器中性点必须＿＿＿＿＿。

答案：高压侧　接地

9.《电气装置安装工程电气设备交接试验标准》（GB 50150—2016）规定，发电机变压器组中间连接无操作断开点的变压器，可不进行冲击合闸试验。无电流差动保护的干式变压器可冲击＿＿＿＿＿次。

答案：3

10.《电气装置安装工程电气设备交接试验标准》（GB 50150—2016）规定，检查变压器的相位必须与＿＿＿＿＿一致。

答案：电网相位

11.《电气装置安装工程电气设备交接试验标准》（GB 50150—2016）规定，变压器绕组变形试验，对于35kV及以下电压等级变压器，宜采用＿＿＿＿＿阻抗法。

答案：低电压短路

12.《电气装置安装工程电气设备交接试验标准》（GB 50150—2016）规定，对于66kV及以上电压等级变压器，宜采用＿＿＿＿＿测量绕组特征图谱。

答案：频率响应法

13.《电气装置安装工程电气设备交接试验标准》（GB 50150—2016）规定，测量互感器的绕组的绝缘电阻，测量一次绕组对二次绕组及外壳、各二次绕组间及其对外壳的绝缘电阻，绝缘电阻不宜低于＿＿＿＿＿MΩ。

答案：1000

14.《电气装置安装工程电气设备交接试验标准》（GB 50150—2016）规定，电压等级在＿＿＿＿＿kV及以下电压等级的断路器，除发电机出线断路器和与发电机＿＿＿＿＿相连的断路器、主变压器出线断路器应进行速度测量外，其余的可不进行。

答案：15　主母线

15.《电气装置安装工程电气设备交接试验标准》（GB 50150—2016）规定，六氟化硫断路器的每相导电回路的电阻值测量，宜采用电流不小于100A的＿＿＿＿＿。

答案：直流压降法

16.《电气装置安装工程电气设备交接试验标准》（GB 50150—2016）规定，测量断路器分、合闸线圈的绝缘电阻值，不应低于＿＿＿＿＿MΩ。

答案：10

17.《电气装置安装工程电气设备交接试验标准》（GB 50150—2016）规定，35kV及以下电压等级的支柱绝缘子的绝缘电阻值，不应低于＿＿＿＿＿MΩ。

答案：500

18.《电气装置安装工程电气设备交接试验标准》（GB 50150—2016）规定，并联电容器交流耐压试验电压标准规定，额定电压为10kV的交接试验电压值为＿＿＿＿＿kV。

答案：31.5

19.《电气装置安装工程电气设备交接试验标准》（GB 50150—2016）规定，在电网额定电压下，对电力电容器组的冲击合闸试验，应进行＿＿＿＿＿次，熔断器不应熔断。

电容器组中各相电容的最大值和最小值之比，不应超过__________。

答案：3　　1.08

20.《电气装置安装工程电气设备交接试验标准》（GB 50150—2016）规定，二次回路的交流耐压试验，试验电压为__________V。当回路绝缘电阻值在10MΩ以上时，可采用__________V绝缘电阻表代替，试验持续时间为1min，或符合产品技术规定。

答案：1000　　2500

21.《电气装置安装工程电气设备交接试验标准》（GB 50150—2016）规定，二次回路的交流耐压试验中规定，__________V及以下电压等级回路可不做交流耐压试验。

答案：48

22.《电气装置安装工程电气设备交接试验标准》（GB 50150—2016）规定，回路中有电子元器件设备的，试验时应将插件__________或将其两端__________。

答案：拔出　　短接

23.《电气装置安装工程电气设备交接试验标准》（GB 50150—2016）规定，在额定电压下对空载线路的冲击合闸试验，应进行__________次，合闸过程中线路绝缘不应有损坏。

答案：3

24.《电气装置安装工程电气设备交接试验标准》（GB 50150—2016）规定，电气设备和防雷设施的接地装置的试验项目应包括接地网__________、__________等内容。

答案：电气完整性测试　　接地阻抗

25.《电气装置安装工程电气设备交接试验标准》（GB 50150—2016）规定，1kV以下电力设备，使用同一接地装置的所有这类电力设备，当总容量大于等于__________kVA时，接地阻抗不宜大于4Ω，如总容量小于100kVA时，则接地阻抗允许大于__________Ω，但不大于10Ω。

答案：100　　4

二、不定项选择题

1.《电气装置安装工程电气设备交接试验标准》（GB 50150—2016）规定，本标准适用于（　　）kV及以下电压等级新安装的按照国家相关出厂试验标准试验合格的电气设备交接试验。

A.1　　B.220

C.500　　D.100

答案：C

2.《电气装置安装工程电气设备交接试验标准》（GB 50150—2016）规定，对SF_6气体绝缘的变压器应进行SF_6气体含水量检验及检漏，气体含水量（20℃的体积分数）一般不大于（　　）μL/L，变压器应无明显泄漏点。

A.100　　B.150

C.200　　D.250

答案：D

3.《电气装置安装工程电气设备交接试验标准》(GB 50150—2016)规定，金属氧化物避雷器的工频放电电压试验时，放电后应快速切除电源，切断电源时间不大于0.5s，过电流保护动作电流控制在(　　)A。

A.0.1～0.5　　B.0.2～0.5

C.0.2～0.7　　D.0.1～0.7

答案：C

4.《电气装置安装工程电气设备交接试验标准》(GB 50150—2016)规定，测量低压电器连同所连接电缆及二次回路的绝缘电阻值，不应小于(　　)MΩ；在比较潮湿的地方，可不小于0.5MΩ。

A.0.2　　B.0.4

C.1.5　　D.1

答案：D

5.《电气装置安装工程电气设备交接试验标准》(GB 50150—2016)规定，中频发电机的试验项目，应包括(　　)内容。

A.测量绕组的绝缘电阻　　B.测量绕组的直流电阻

C.测量绕组的绝缘电阻和吸收比　　D.测录空载特性曲线

E.测量检温计绝缘电阻并检查是否完好

答案：ABDE

6.《电气装置安装工程电气设备交接试验标准》(GB 50150—2016)规定，测量断路器内SF_6的气体含水量(20℃的体积分数)，下列说法正确的有(　　)。

A.与灭弧室相通的气室，应小于100μL/L

B.不与灭弧室相通的气室，应小于200μL/L

C.SF_6气体含水量的测定应在断路器充气24h后进行

D.SF_6气体含水量的测定应在断路器充气48h后进行

答案：ABC

7.《电气装置安装工程电气设备交接试验标准》(GB 50150—2016)规定，六氟化硫封闭式组合电器的试验项目，应包括(　　)内容。

A.测量每相导电回路的电阻　　B.主回路的交流耐压试验

C.密封性试验　　D.测量六氟化硫气体含水量

E.封闭式组合电器内各元件的试验　　F.断路器操动机构的试验

G.气体密度继电器、压力表和压力动作阀的检查

答案：BCDEG

三、判断题

1.《电气装置安装工程电气设备交接试验标准》(GB 50150—2016)规定，测量同步发电机和调相机转子绕组的绝缘电阻，转子绕组的绝缘电阻值不宜低于0.5MΩ。(　　)

答案：√

2.《电气装置安装工程电气设备交接试验标准》（GB 50150—2016）规定，新装变压器中总炔含量不应超过20μL/L。（　　）

答案：√

3.《电气装置安装工程电气设备交接试验标准》（GB 50150—2016）规定，1600kVA及以下三相变压器，各相绕组相互间的差别不应大于4%。（　　）

答案：√

4.《电气装置安装工程电气设备交接试验标准》（GB 50150—2016）规定，变压器电压等级为220kV及以上或容量为120MVA及以上时，宜用5000V绝缘电阻表测量极化指数。（　　）

答案：√

四、简答题

1.《电气装置安装工程电气设备交接试验标准》（GB 50150—2016）规定，变压器油中水含量的测定，应符合哪些规定？

答案：（1）电压等级为110（66）kV时，油中水含量不应大于20mg/L。

（2）电压等级为220kV时，油中水含量不应大于15mg/L。

（3）电压等级为330～750kV时，油中水含量不应大于10mg/L。

2.《电气装置安装工程电气设备交接试验标准》（GB 50150—2016）规定，互感器误差及变比测量，应符合哪些规定？

答案：（1）用于关口计量的互感器（包括电流互感器、电压互感器和组合互感器）应进行误差测量。

（2）用于非关口计量的互感器，应检查互感器变比，并应与制造厂铭牌值相符，对多抽头的互感器，可只检查使用分接的变比。

第七节　电力设备预防性试验规程

一、填空题

1.《电力设备预防性试验规程》（DL/T 596—2021）规定，油中溶解气体分析周期为：A、B级检修投运后，66kV及以上的油浸式的电抗器试验周期＿＿＿＿＿、＿＿＿＿＿、＿＿＿＿＿、＿＿＿＿＿天。

答案：1　4　10　30

2.《电力设备预防性试验规程》规定，油中溶解气体色谱分析周期为：运行中220kV油浸式电力变压器为＿＿＿＿＿个月，120MVA及以上的发电厂主变压器为＿＿＿＿＿个月，其余8MVA及以上的变压器为1年，8MVA以下的油浸式变压器自行规定。

答案：6　6

3.《电力设备预防性试验规程》规定，容量为6000kW及以上的同步发电机、调相机定子绕组绝缘电阻、吸收比或极化指数试验：额定电压为1000V以上者，采用__________V绝缘电阻测试仪。

答案：2500

4.《电力设备预防性试验规程》规定，交流励磁机绕组交流耐压试验判定依据：试验电压为出场电压的__________%。

答案：75

5.《电力设备预防性试验规程》规定，交流电动机定子绕组泄漏电流和直流耐压__________V以下电机可不进行该试验。

答案：1000

二、不定项选择题

1.《电力设备预防性试验规程》规定，SF_6气体绝缘变压器的压力继电器试验，采用（　　）V绝缘电阻表。

A. 1000　　B.1500

C. 2000　　D.2500

答案：A

2.《电力设备预防性试验规程》规定，干式电抗器绕组直流电阻试验，相间差别不宜大于三相平均值的（　　）%。

A.1　　B. 2

C. 3　　D. 5

答案：B

3.《电力设备预防性试验规程》规定，消弧线圈电抗值测量初值差不超过（　　）%。

A.1　　B. 2

C. 3　　D. 5

答案：D

4.《电力设备预防性试验规程》规定，浇注式电流互感器交流耐压试验二次绕组间及对地不小于（　　）MΩ。

A. 1000　　B.2000

C. 2500　　D.1500

答案：A

5.《电力设备预防性试验规程》规定，电磁式电压互感器SF_6分解物测试用（　　）测量。

A.检测管　　B.气相色谱法

C.电化学传感器法　　D.检测法

答案：ABC

6.《电力设备预防性试验规程》规定，气体绝缘金属封闭开关设备连锁试验判定依据应（　　）。

A.连锁　　B.闭锁应准确

C.可靠　　D.牢固

答案：ABC

三、判断题

1.《电力设备预防性试验规程》规定，隔离开关和接地开关红外测温采用红外成像仪测试。(　　)

答案：√

2.《电力设备预防性试验规程》规定，高压开关柜辅助回路和控制回路绝缘电阻不低于2MΩ。(　　)

答案：√

3.《电力设备预防性试验规程》规定，有载调压装置切换开关绝缘油试验周期6个月至1年或分接交换2000~4000次。(　　)

答案：√

4.《电力设备预防性试验规程》规定，玻璃绝缘子外观检查，对于投运3年内年均自爆率大于0.04%，2年后检测周期内年均自爆率大于0.02%或年自爆率大于0.1%，应分析原因，并采取相应的措施。(　　)

答案：√

5.《电力设备预防性试验规程》规定，对电缆的主绝缘测量绝缘电阻或做耐压试验时，应分别在每一项上进行。(　　)

答案：√

6.《电力设备预防性试验规程》规定，对额定电压为0.6/1kV的电缆线路可用1000V或2500V绝缘电阻表测量导体对地绝缘电阻，以代替耐压试验。(　　)

答案：√

7.《电力设备预防性试验规程》规定，电力电缆线路耐压试验后，对导体放电时，应通过每千伏约80kΩ的限流电阻反复几次放电，纸质无火花后，才允许直流接地放电。(　　)

答案：√

四、简答题

1.《电力设备预防性试验规程》规定，什么是预防性试验？

答案：为了发现运行中设备的隐患，预防发生事故或设备损坏，对设备进行的检查、试验或监测。预防性试验包括停电试验、带电检测和在线检测。

2.《电力设备预防性试验规程》规定，气体继电器报警或跳闸后，宜进行哪些项目检查？

答案：（1）变压器油中溶解气体和继电器中的气体分析。

（2）保护回路检查。

（3）气体继电器校验。

（4）整体密封性检查。

（5）变压器是否发生近区短路。

第八节　电力变压器运行规程

一、填空题

1.《电力变压器运行规程》(DL/T 572—2010)规定，强油循环的冷却系统必须有两个独立的工作电源并能自动和手动切换。当工作电源发生故障时，应发出________、________等报警信号。

答案：音响　灯光

2.《电力变压器运行规程》(DL/T 572—2010)规定，强油循环水冷却的变压器，各冷却器的潜油泵出口应装________。

答案：逆止阀

3.《电力变压器运行规程》(DL/T 572—2010)规定，变压器装设温度测量装置规定，应有测量________油温的温度计。

答案：顶层

4.《电力变压器运行规程》(DL/T 572—2010)规定，________及以上的变压器应装有远方测温装置。

答案：8000kVA

5.《电力变压器运行规程》(DL/T 572—2010)规定，变压器应有铭牌，并标明________和________。

答案：运行编号　相位标志

6.《电力变压器运行规程》(DL/T 572—2010)规定，室(洞)内安装的变压器应有足够的________，避免变压器温度过高。

答案：通风

7.《电力变压器运行规程》(DL/T 572—2010)规定，装有机械通风装置的变压器室，在________停止时，应能发出远方信号，变压器的通风系统一般不应与其他通风系统连通。

答案：机械通风

8.《电力变压器运行规程》(DL/T 572—2010)规定，变压器室的门应采用阻燃或不燃材料，开门方向应向外侧，门上应标明变压器的名称和运行编号，门外应挂________标志牌，并应上锁。

答案：止步，高压危险

9.《电力变压器运行规程》(DL/T 572—2010)规定，油浸式变压器的场所应按有关设计规程规定设置________和________，并保持完好状态。

答案：消防设施　事故储油设施

10.《电力变压器运行规程》(DL/T 572—2010)规定，变压器铁芯接地点必须引至________，变压器中性点应有两根与主地网不同地点连接的接地引下线，且每根接地线应符合热稳定要求。

答案：变压器底部

11.《电力变压器运行规程》(DL/T 572—2010)规定，变压器的投运台数应按照负载情况，从__________、__________原则出发，合理安排。

答案：安全　经济

12.《电力变压器运行规程》(DL/T 572—2010)规定，强油循环风冷和强油循环水冷变压器，在运行中，当冷却系统发生故障切除全部冷却器时，变压器在额定负载下允许运行时间不小于__________min。

答案：20

13.《电力变压器运行规程》(DL/T 572—2010)规定，当油面温度尚未达到75℃时，允许上升到75℃，但冷却器全停的最长运行时间不得超过__________h。

答案：1

14.《电力变压器运行规程》(DL/T 572—2010)规定，可以采取分列运行及适当提高变压器短路阻抗、加装限流电抗器等措施，降低变压器__________。

答案：短路电流

15.《电力变压器运行规程》(DL/T 572—2010)规定，电缆出线故障多为__________，不宜采用重合闸。

答案：永久性

16.《电力变压器运行规程》(DL/T 572—2010)规定，当发生危及变压器安全的故障，而变压器的有关保护装置拒动时，值班人员应立即将变压器__________。

答案：停运

17.《电力变压器运行规程》(DL/T 572—2010)规定，变压器在各种超额电流方式下运行，若顶层油温超过105℃，应立即__________。

答案：降低负载

二、不定项选择

1.《电力变压器运行规程》(DL/T 572—2010)规定，(　　)kVA及以上的油浸式变压器、(　　)kVA及以上的油浸式和(　　)kVA及以上的干式厂用变压器，应将信号温度计接远方信号。

A.1000　　B.800

C.630　　D.500

答案：ABC

2.《电力变压器运行规程》(DL/T 572—2010)规定，变压器并列运行的基本条件包括(　　)。

A.联结组标号相同

B.电压比应相同，差值不得超过 ±5%

C.阻抗电压值偏差小于10%

D.额定电压相同

答案：ABC

3.《电力变压器运行规程》(DL/T 572—2010)规定，变压器的投运台数应按照负载情况，从（　　）原则出发，合理安排。

A.安全　　B.经济

C.技术　　D.合理

答案：AB

4.《电力变压器运行规程》（DL/T 572—2010）规定，在室外变压器围栏入口处，应安装（　　），在变压器爬梯处安装（　　）等安全标志牌。

A.“止步，高压危险”　　B.“禁止攀登”

C.止步　　D.从此上下

答案：AB

三、判断题

1.《电力变压器运行规程》（DL/T 572—2010）规定，电力变压器运行规程适用于电压为35～750kV的电力变压器。（　　）

答案：√

2.《电力变压器运行规程》（DL/T 572—2010）规定，装有气体继电器的油浸式变压器，无升高坡度者，安装时应使顶盖沿气体继电器油流方向有1%～1.5%的升高坡度。（　　）

答案：√

3.《电力变压器运行规程》（DL/T 572—2010）规定，事故放油阀应安装在变压器下部，且放油口朝上。（　　）

答案：×

4.《电力变压器运行规程》（DL/T 572—2010）规定，变压器的运行电压一般不应高于该运行分接电压的105%。（　　）

答案：√

5.《电力变压器运行规程》（DL/T 572—2010）规定，无励磁调压变压器的额定电压±5%范围内改换分接位置运行时，其额定容量不变。（　　）

答案：√

6.《电力变压器运行规程》（DL/T 572—2010）规定，新装或变动过内外连接线的变压器，并列运行前必须核定相位。（　　）

答案：√

7.《电力变压器运行规程》（DL/T 572—2010）规定，更换绕组后的变压器，其冲击合闸此时为3次。（　　）

答案：√

四、简答题

1.《电力变压器运行规程》（DL/T 572—2010）规定，变压器的日常巡视检查，应根据实际情况确定巡视周期，也可参照哪些规定？

答案：（1）发电厂和有人值班变电站内的变压器，一般每天一次，每周进行一次夜间巡视。

（2）无人值班变电站内一般每10天一次。

2.《电力变压器运行规程》（DL/T 572—2010）规定，在哪些情况下应对变压器进行特殊巡视检查，增加巡视检查次数？

答案：（1）新设备或经过检修、改造的变压器在投运72h内。

（2）有严重缺陷时。

（3）气象突变（如大风、大雾、大雪、冰覆、寒潮等）时。

（4）雷雨季节特别是雷雨后。

（5）高温季节、高峰负载期间。

（6）变压器急救负载运行时。

第九节　电气装置安装工程高压电器施工及验收规范

一、填空题

1.《电气装置安装工程高压电器施工及验收规范》（GB 50147—2010）适用于额定电压为__________的支柱式和罐式六氟化硫断路器。

答案：3～750kV

2.《电气装置安装工程高压电器施工及验收规范》（GB 50147—2010）规定，六氟化硫断路器的基础或支架的安装，应符合产品技术文件要求，基础的中心距离及高度的偏差不应大于__________mm，预留孔或预埋件中心线偏差不应大于__________mm；基础预埋件上端应高出混凝土表面__________mm，预埋螺栓中心线的偏差不应大于__________mm。

答案：10　10　1～10　2

3.《电气装置安装工程高压电器施工及验收规范》（GB 50147—2010）规定，适用于额定电压为__________kV的户内式真空断路器和户内式高压开关柜。

答案：3～35

4.《电气装置安装工程高压电器施工及验收规范》（GB 50147—2010）规定，三相电容量的差值宜调配到最小，其最大与最小的差值不应超过三相平均电容值的__________。

答案：5%

5.《电气装置安装工程高压电器施工及验收规范》（GB 50147—2010）规定，地脚螺栓中心允许偏差应为__________mm，地脚螺栓露出长度许偏差应为__________mm，地脚螺栓螺纹长度允许偏差应为__________mm。

答案：2　0～+20　0～+20

二、不定项选择题

1.《电气装置安装工程高压电器施工及验收规范》（GB 50147—2010）规定，电容器支架安装，水平允许偏差为（　　）mm/m，支架立柱间距离允许偏差为（　　）mm，构件间片不得多于1片，厚度应不大于（　　）mm。

A.3，5，3　　B.5，3，3

C.3，3，3　　D.5，3，5

答案：A

2.《电气装置安装工程高压电器施工及验收规范》（GB 50147—2010）规定，串联电容补偿装置的安装基础中心线对定位轴线位置的允许偏差应为（　　）mm，支柱绝缘子的基准点标高允许偏差应为（　　）mm，基础水平度允读可靠应为（　　）mm。

A.5，±3，$L/1000$　　B.3，±5，$L/1000$

C.5，±5，$L/1000$　　D.3，±3，$L/1000$

答案：A

三、判断题

1.《电气装置安装工程高压电器施工及验收规范》（GB 50147—2010）规定，六氟化硫断路器达到现场后，罐式断路器的套管应水平放置。（　　）

答案：√

2.《电气装置安装工程高压电器施工及验收规范》（GB 50147—2010）规定，断路器操作机构固定应牢靠，底座或支架与基础间的垫片不宜超过3片，总厚度不应超过10mm。（　　）

答案：√

3.《电气装置安装工程高压电器施工及验收规范》（GB 50147—2010）规定，耦合电容器安装时，不应松动其顶盖上的紧固螺栓至电容器的引线不应使其端子受到过大的横向拉力。（　　）

答案：√

四、简答题

1.《电气装置安装工程高压电器施工及验收规范》（GB 50147—2010）规定，设备投入运行前，应符合哪些规定？

答案：（1）装饰工程应结束，地面、墙面、构架应无污染。

（2）二次灌浆和抹面工作应已完成。

（3）保护性网门、栏杆及梯子等应齐全、接地可靠。

（4）室外配电装置的场地应平整。

（5）室内、外接地应按设计施工完毕，并已验收合格。

（6）室内通风设备应运行良好。

（7）受电后无法进行或影响运行安全的工作应施工完毕。

2.《电气装置安装工程高压电器施工及验收规范》（GB 50147—2010）规定，高压开关柜运到现场后开箱检查，应符合哪些要求？

答案：（1）开关柜的间隔排列顺序应与设计相符。

（2）每个间隔柜内高压断路器、负荷开关、接触器、高压熔断器、隔离开关、接地开关、互感器等元件应符合设计和产品技术文件要求。

（3）柜体应无变形、损伤，防腐应良好。

（4）柜内各元件的合格证明文件应齐全。

第十节　10kV及以上电力用户变电站运行管理规范

一、填空题

1.《10kV及以上电力用户变电站运行管理规范》（GB/T 32893—2016）规定，对人身或设备有严重威胁、暂时尚能坚持运行但需尽快处理的缺陷为严重缺陷，严重缺陷应在__________个月内消除，并在处理前采取相应防范措施。

答案：1

2.《10kV及以上电力用户变电站运行管理规范》（GB/T 32893—2016）规定，用户应按季节性特点做好__________、__________、__________、__________、__________等工作，加强大风、暴雨、暴雪等恶劣天气下的设备运行维护。

答案：防风　防雷　防汛　防寒　防冰冻

二、不定项选择

1.《10kV及以上电力用户变电站运行管理规范》（GB/T 32893—2016）规定，用户应对（　　）等工作中发现的设备缺陷进行分类管理。

A.运行监控　　B.巡视

C.检修　　D.试验

答案：ABCD

2.《10kV及以上电力用户变电站运行管理规范》（GB/T 32893—2016）规定，变电站提示图板包括（　　）。

A.一次主接线图　　B.交流系统图

C.消防平面图　　D.消防组织机构

答案：ABCD

三、判断题

1.《10kV及以上电力用户变电站运行管理规范》（GB/T 32893—2016）规定，用户可开展设备红外测温、油色谱分析和避雷器泄漏电流测试等试验工作。（　　）

答案：√

2.《10kV及以上电力用户变电站运行管理规范》（GB/T 32893—2016）规定，用户宜对设备试验数据与该设备标准值、出厂及历次试验数据比较，分析数据变化的规律和趋势；与同类设备数据比较，判断是否异常。（　　）

答案：√

3.《10kV及以上电力用户变电站运行管理规范》(GB/T 32893—2016)规定，变电站应对外来人员进行安全培训和告知。(　　)

答案：√

四、简答题

1.《10kV及以上电力用户变电站运行管理规范》(GB/T 32893—2016)规定，什么是电力用户变电站？

答案：电力系统中产权属于用户的用于变换电压、控制和分配电能的场所。

2.《10kV及以上电力用户变电站运行管理规范》(GB/T 32893—2016)规定，变电站归档资料有哪些？

答案：(1)法规、标准、规程、制度。

(2)运行资料。

(3)安全活动资料。

(4)培训资料。

(5)应急预案。

(6)规划设计资料。

(7)设备出厂资料。

(8)设备安装资料。

(9)设备检修、技改资料。

(10)设备试验资料。

(11)设备缺陷、异常、事故资料。

第六章 企业文化及延展体系

第一节　企业文化

一、填空题

1.__________是激励全党全国各族人民奋勇前进的强大精神力量。

答案：中国特色社会主义文化

2.在国企国资改革方面，国家电网有限公司深入贯彻中发__________号及配套文件精神，以分类改革为导向，对监管、非监管业务实施差异化管控。

答案：22

3.“十四五”时期国家电网有限公司金融业务发展目标是，实现服务__________取得新成效，改革发展取得新突破，风险防控达到新高度。

答案：实体经济

4.当前和今后一个时期，国家电网有限公司干部人才工作，以__________为统领，以改革创新为动力，以建设__________领导班子和干部人才队伍为目标。

答案：政治建设　四优五过硬

5.我们应深入贯彻习近平生态文明思想，积极应对碳排放带来的全球气候变化问题，坚定不移推进绿色发展，加快构建清洁低碳、安全高效能源体系，持续推进__________，引领全球化治理行动。

答案：碳减排

6.特高压直流输电是指标称电压为__________的直流输电，具有输送容量大、输电距离远、线路走廊窄等突出优势。

答案：±800kV 及以上

二、不定项选择题

1.国家电网有限公司弘扬企业精神，具体体现在（　　）。

A.服务党和国家工作大局　　B.打造电力铁军队伍

C.不断超越过去、超越他人、超越自我　　D.推动全面从严治党向纵深发展

答案：C

2.为了实现中华民族伟大复兴，中国共产党团结带领中国人民，（　　），创造了新民主主义革命的伟大成就。

A.浴血奋战、艰苦奋斗　　B.浴血奋战、百折不挠

C.冲锋在前、百折不挠　　D.冲锋在前、艰苦奋斗

答案：B

3.以下关于“具有中国特色国际领先的能源互联网企业”中“具有中国特色”的描述，不正确的是（　　）。

A.明确以习近平新时代中国特色社会主义思想为指导，明确坚持党的全面领导

B.明确坚持以人民为中心的发展思想

C.明确走符合中国国情的能源转型发展道路，明确走中国特色国有企业改革发展道路

D.明确以盈利水平和可持续发展能力为根本

答案：D

4.在内部改革方面，国家电网有限公司研究推进集团管理体制变革，优化（　　）模式，加快完善科学合理的管理体制机制，充分调动各层级积极性、主动性、创造性。

A.运营管控　　B.财务管控

C.战略管控　　D.分类管控

答案：D

5.以下（　　）不属于国家电网有限公司降低自身碳排放水平的举措。

A.加强电网规划建设运维各环节绿色低碳技术研发

B.强化公司办公节能管理

C.建立健全公司碳排放管理体系

D.实施乡村电气化提升工程

答案：D

6.深入挖掘中华优秀传统文化蕴含的（　　），结合时代要求继承创新，让中华文化展现出永久魅力和时代风采。

A.思想观念　　B.人文精神

C.道德规范　　D.先进思想

答案：ABC

7.社会主义核心价值观是（　　）。

A.富强、民主、文明、和谐　　B.自由、平等、公正、法治

C.爱国、敬业、诚信、友善　　D.自由、民主、科学、公平

答案：ABC

8.国家电网有限公司履行“为美好生活充电，为美丽中国赋能”使命，具体体现在（　　）。

A.提供更可靠的电力和更优质的服务

B.贯彻落实国家能源安全新战略

C.加快电网全面跨越升级，推动能源互联互通

D.促进建设清洁低碳、安全高效的能源体系

答案：ABCD

9.国家电网有限公司坚持“一业为主、四翼齐飞、全要素发力”，全面推动产业升级和107高质量发展。这里的“四翼”指的是（　　）。

A.金融业务、国际业务　　B.直属产业、支撑产业

C.战略性新兴产业、省管产业　　D.支撑产业、战略性新兴产业

答案：AD

10.站在“十四五”发展的新起点上，国家电网有限公司总部建设的目标是：着力打造“五强三优”的坚强公司总部。以下关于“三优”表述错误的是（　　）。

A.治理效能优　　B.资产优良

C.服务品质优　　D.业绩优秀

答案：BD

11.实现“碳达峰、碳中和”目标在能源供给侧，要构建多元化清洁能源供应体系。以下属于能源供给侧举措的是（　　）。

A.大力发展清洁能源　　B.加快煤电灵活性改造

C.挖掘需求侧响应潜力　　D.加快电能替代

答案：AB

12.实现“碳达峰、碳中和”目标在能源消费侧，要全面推进电气化和节能提效。以下不属于能源消费侧举措的是（　　）。

A.加快煤电灵活性改造　　B.强化能耗双控

C.大力发展清洁能源　　D.挖掘需求侧响应潜力

答案：AC

13.以下关于国家电网有限公司推动能源电力转型主要实践表述正确的是（　　）。

A.全面完成北方地区“煤改电”任务

B.建成覆盖176个城市的高速公路快速充电网络

C.实现长江港口岸电全覆盖

D.全面掌握特高压核心技术和全套设备制造能力

答案：ABD

三、判断题

1.人民是历史的创造者、人民是真正的英雄，必须相信人民、依靠人民。（　　）

答案：√

2.中国共产党来自于人民，为人民而生，因人民而兴，必须始终与人民心心相印、与人民同甘共苦、与人民团结奋斗。（　　）

答案：√

3.坚持党的领导、加强党的建设是国有企业的“根”和“魂”。（　　）

答案：√

4.员工对企业文化的认同是对企业家的个人价值观的认同。（　　）

答案：×

5.国家电网有限公司践行“人民电业为人民”企业宗旨，具体体现在牢记国家电网事业是党和人民的事业，始终坚持以人民为中心的发展思想，深入贯彻创新、协调、绿色、开放、共享的发展理念，全面履行经济责任、政治责任、社会责任。（　　）

答案：√

6.国家电网有限公司履行“为美好生活充电，为美丽中国赋能”使命，具体体现在以更可靠的电力和更优质的服务，持续为客户创造最大价值，助力经济社会发展和人民美好生活。贯彻落实“四个革命、一个合作”能源安全新战略，主动适应能源革命和数字革命融合趋势，加快电网全面跨越升级，推动能源互联互通，促进建设清洁低碳、安全高效的能源体系，为建设美丽中国贡献力量。(　　)

答案：√

7.国家电网有限公司秉持“努力超越、追求卓越”的企业精神，具体体现在始终保持强烈的事业心、责任感，向着国际领先水平持续奋进，敢为人先、勇当排头，不断超越过去、超越他人、超越自我，坚持不懈地向更高质量发展、向更高目标迈进。(　　)

答案：√

8.国家电网有限公司的企业宗旨是为美好生活充电，为美丽中国赋能。(　　)

答案：×

9.国家电网有限公司的使命是人民电业为人民。(　　)

答案：×

10.国家电网有限公司“国民经济保障者”的定位，体现的是作为国有重点骨干企业的属性。(　　)

答案：√

11.国家电网有限公司“能源革命践行者”的定位，体现的是作为能源电力企业的属性。(　　)

答案：√

12.企业文化是企业凝聚力和创造力的重要源泉。“文化赋能”行动就是要挖潜企业文化价值创造能力，锻造与国际领先企业相适应的文化软实力，持续提升全球竞争力。(　　)

答案：√

13.企业文化建设是公司强根铸魂工程的重要组成部分。“文化铸魂”行动就是要高举党建旗帜，弘扬党内政治文化、践行社会主义核心价值观、持续提升全球竞争力。(　　)

答案：×

14.国家电网有限公司的定位是国民经济保障者、能源革命践行者、美好生活服务者。(　　)

答案：√

第二节　延展体系

一、让人民生活更美好八大服务工程建设实施方案

（一）填空题

1.《国家电网公司关于印发让人民生活更美好八大服务工程建设实施方案的通知》指

出：准确把握十九大思想精髓、核心要义，需要公司以满足__________需要为宗旨，以八大服务工程建设为载体，紧密围绕美丽乡村、阳光扶贫、家庭电气化等工程实施。

答案：人民美好生活

2.《国家电网公司关于印发让人民生活更美好八大服务工程建设实施方案的通知》指出：全力构建西南水电、西部北部新能源东送大通道，实施__________清洁取暖重点工程，以清洁和绿色方式推进能源生产和消费革命，服务好美丽中国建设。

答案：北方地区

3.《国家电网公司关于印发让人民生活更美好八大服务工程建设实施方案的通知》指出：加快__________、光伏云网深化应用，推进居民家庭电气化水平提升，打造便捷办电、舒心用电的心连心工程，服务好人民美好生活需要。

答案：车联网

4.《国家电网公司关于印发让人民生活更美好八大服务工程建设实施方案的通知》指出：国家大力推动__________和消费革命，加快构建我国和全球能源互联网。在向清洁低碳、安全高效能源体系转型中，电网具有关键作用，公司承担重要使命。

答案：能源生产

5.《国家电网公司关于印发让人民生活更美好八大服务工程建设实施方案的通知》指出：推动能源消费__________，积极推进北方地区清洁取暖，全力实施京津冀及周边地区“煤改电”配套电网工程。

答案：清洁替代

6.《国家电网公司关于印发让人民生活更美好八大服务工程建设实施方案的通知》指出：加快电动汽车有序充放电推广应用，做好__________电气化改造，保障电动汽车与电网互动需求和充电桩接电需要。

答案：“一车位一表”

7.《国家电网公司关于印发让人民生活更美好八大服务工程建设实施方案的通知》指出：通过移动互联网渠道获取______h响应服务，实现简单业务“一次都不跑”，复杂业务“最多跑一次”，服务响应速度明显提高，第三方调查客户满意度保持公共服务行业领先。

答案：7×24

8.《国家电网公司关于印发让人民生活更美好八大服务工程建设实施方案的通知》指出：提高复电服务标准，故障抢修到达现场后恢复送电时间城市地区平均不超过______h，农村地区平均不超过______h；欠费停电客户结清费用后智能电能表客户平均1h恢复供电，其他客户12h内恢复供电，进一步提升客户服务感知。

答案：4　　5

9.《国家电网公司关于印发让人民生活更美好八大服务工程建设实施方案的通知》指出：针对目前“互联网+”渠道前端入口多、服务功能交叉、客户体验不佳的痛点，整合公司现有服务渠道，推出一个电话（95598热线）、一个网站（95598网站）、一个移动应用（95598 App），形成国网公司互联网统一在线服务平台，提供线上办电、__________、电子账单、电子发票等全业务线上服务功能，以及用能分析、__________、信息定制等增值服务，覆盖国网经营范围所有城乡区域和全部客户。

答案：购电交费　　能效诊断

（二）不定项选择题

1.《国家电网公司关于印发让人民生活更美好八大服务工程建设实施方案的通知》指出：以下（　　）属于美丽乡村服务工程。

A.推进新一轮农网改造升级　　B.推动供电服务均等化配置

C.推动提高清洁能源利用水平　　D.服务农业、农村生产发展用电需要

答案：ABD

2.《国家电网公司关于印发让人民生活更美好八大服务工程建设实施方案的通知》指出：加快特高压通道建设，投资1435亿元，到2020年核准并建成投运“三交四直”特高压工程，以下（　　）属于“三交四直”。

A.蒙西—晋中、张北—北京西　　B.华东环网交流工程，陕西—武汉

C.青海—河南、雅中—南昌　　D.陇彬外送直流工程

E.华中环网交流工程，陕北—武汉

答案：ACDE

3.《国家电网公司关于印发让人民生活更美好八大服务工程建设实施方案的通知》指出：推进综合能源服务示范项目建设。面向工业园区、产业基地、大型公共建筑等高端客户，统筹运用（　　）。

A.分布式发电　　B.物联网技术

C.冷热电三联供　　D.储能等技术

答案：ACD

4.《国家电网公司关于印发让人民生活更美好八大服务工程建设实施方案的通知》指出：以下（　　）属于八大服务工程。

A.保卫蓝天电能替代工程　　B.电动汽车畅行工程

C.光伏云网连万家工程　　D.供电服务心连心工程

答案：ABCD

5.《国家电网公司关于印发让人民生活更美好八大服务工程建设实施方案的通知》指出：持续推进配电自动化建设，提高故障情况下的处置速度，配电自动化覆盖率达到（　　）%以上。

A.70　　B.80

C.90　　D.100

答案：C

6.《国家电网公司关于印发让人民生活更美好八大服务工程建设实施方案的通知》指出：加快配电网标准化建设改造，城网客户年均停电时间进一步减少至（　　）h以内，支撑家庭电气化发展需要。

A.2.7　　B.2.8

C.2.9　　D.3.0

答案：C

7.《国家电网公司关于印发让人民生活更美好八大服务工程建设实施方案的通知》指出：针对分布式光伏（　　）等痛点，强化光伏云网基础服务，整合上下游资源，提供设备运行监控及全生命周期管理等一站式服务功能，保障客户基本应用。

A.安装难　　B.选型难

C.运维难　　D.融资难

答案：BCD

8.《国家电网公司关于印发让人民生活更美好八大服务工程建设实施方案的通知》指出：针对居民家庭提升电气化水平，向往更美好生活的需要，进一步深化“电网连万家、共享电气化”主题活动，与（　　）深化合作。

A.家电厂商　　B.电动汽车厂商

C.光伏厂家　　D.电采暖等设备供应商

答案：ABD

9.《国家电网公司关于印发让人民生活更美好八大服务工程建设实施方案的通知》指出：到（　　）年，安全可靠、经济合理、坚固耐用的现代化农网基本建成，农村生产生活从“用上电”到“用好电”，乡镇供电所服务设施配置齐全，网格化服务到台区，实现“电力送到田间地头，服务进入千家万户”，为美丽乡村建设和乡村振兴战略提供充足电力保障。

A.2015　　B.2020

C.2025　　D.2030

答案：B

（三）判断题

1.《国家电网公司关于印发让人民生活更美好八大服务工程建设实施方案的通知》指出：当前，国家大力推动能源转型和消费革命，加快构建我国和全球能源互联网。（　　）

答案：×

2.《国家电网公司关于印发让人民生活更美好八大服务工程建设实施方案的通知》指出：实施八大服务工程是公司提升客户服务能力的重要抓手。（　　）

答案：√

3.《国家电网公司关于印发让人民生活更美好八大服务工程建设实施方案的通知》指出：在山东、江苏、江西等地区189个县，2018年投资183亿元，实现示范县农网年户均停电时间不大于10h，农网户均配变容量不低于2.2kVA，提前两年达到小康用电水平。（　　）

答案：×

4.《国家电网公司关于印发让人民生活更美好八大服务工程建设实施方案的通知》指出：2020年实现“两纵一横”重点港口码头岸电设备全面应用，重要城市机场桥载供电设备全面替代燃油APU（飞机辅助动力装置），构建“绿色港口、绿色机场”。（　　）

答案：×

5.《国家电网公司关于印发让人民生活更美好八大服务工程建设实施方案的通知》指出：推进“三区两州”深度贫困地区电网建设攻坚，计划投资210亿元，加强西藏、川青甘三省藏区、南疆四地州和四川凉山州、甘肃临夏州电网，解决网架结构薄弱、供电质

量偏低等问题。(　　)

答案：√

（四）简答题

1.针对分布式光伏政策不了解、办理难度大、补贴发放慢等痛点，《国家电网公司关于印发让人民生活更美好八大服务工程建设实施方案的通知》提出了通过什么渠道免费为客户提供政策咨询、并网接电、结算支付等全环节服务？

答案：光伏云网、营业厅、95598网站等服务渠道。

2.《国家电网公司关于印发让人民生活更美好八大服务工程建设实施方案的通知》指出：美丽乡村服务工程主要是哪些工程？

答案：主要安排农网升级改造、供电服务均等化、电网配套建设3项举措，投资3483亿元，完成农网改造升级专项工程和“小康用电”示范县农网建设，改善乡镇供电所服务设施配置；推广粮食及农产品电烘干、养殖电温控等项目，实现“电力送到田间地头，服务进入千家万户”。

二、关于坚持以客户为中心进一步提升优质服务水平的意见

（一）填空题

1.《国家电网公司关于坚持以客户为中心进一步提升优质服务水平的意见》指出：面对新形势，必须坚持以客户为中心，完善市场化服务体系，优化对各类市场主体的服务模式，有效释放__________，服务经济社会高质量发展。

答案：改革红利

2.《国家电网公司关于坚持以客户为中心进一步提升优质服务水平的意见》指出：国家大力倡导__________，提出“四个革命、一个合作”的能源发展战略。

答案：绿色发展

3.《国家电网公司关于坚持以客户为中心进一步提升优质服务水平的意见》指出：面对新要求，必须坚持以客户为中心，保障客户新型用能设备__________，服务能源生产和消费革命，促进清洁能源__________，提升客户能效水平，打造能源服务新业态，为实现公司战略目标提供新动能。

答案：高效接入　消纳

4.《国家电网公司关于坚持以客户为中心进一步提升优质服务水平的意见》指出：统筹服务党和国家工作大局、服务人民美好生活、服务__________、服务能源转型的新要求，以建设具有卓越竞争力的世界一流能源互联网企业为战略目标，以“让人民生活更美好八大服务工程”为抓手，构建供电服务新体系，全面树立以客户为中心的服务理念。

答案：经济社会发展

5.《国家电网公司关于坚持以客户为中心进一步提升优质服务水平的意见》指出：服务市场化能力进一步提高，客户服务能力、市场__________在能源行业领先。

答案：开拓能力

6.《国家电网公司关于坚持以客户为中心进一步提升优质服务水平的意见》指出：全面满足客户多元化用能需求，构建形成智慧车联网、综合能源服务、光伏云网、__________等能源服务新业态。

答案：能源电商

7.《国家电网公司关于坚持以客户为中心进一步提升优质服务水平的意见》指出：利用__________年时间，基本建成以客户为中心的现代服务体系。

答案：3

8.《国家电网公司关于坚持以客户为中心进一步提升优质服务水平的意见》指出：坚持__________，围绕客户服务一条主线，把客户需求贯穿于公司各项工作，实现“始于客户需求、终于客户满意”。

答案：客户至上

9.《国家电网公司关于坚持以客户为中心进一步提升优质服务水平的意见》指出：坚持__________，抓住客户服务热点难点，精准发力，有效提升服务质效。

答案：问题导向

10.《国家电网公司关于坚持以客户为中心进一步提升优质服务水平的意见》指出：坚持__________，综合考虑地域差异、市场竞争、成本效益等因素，明确服务边界，优化服务标准。

答案：因地制宜

11.《国家电网公司关于坚持以客户为中心进一步提升优质服务水平的意见》指出：坚持__________，根据客户和市场需求变化，不断优化服务体系，创新服务体制机制，确保公司在能源行业的示范引领地位。

答案：创新引领

（二）不定项选择题

1.《国家电网公司关于坚持以客户为中心进一步提升优质服务水平的意见》指出：公司在推进“三去一降一补”，提升电网和公司发展质量、布局优化、动能转换等方面取得了显著成效，但在（　　）方面还有差距。

A.结构调整　　B.服务响应

C.服务效率　　D.价值创造

答案：BCD

2.《国家电网公司关于坚持以客户为中心进一步提升优质服务水平的意见》指出：服务乡村振兴，推进新一轮农网改造升级，户均配变容量不低于（　　）kVA。

A.2.1　　B.2.2

C.2.3　　D.2.4

答案：B

3.《国家电网公司关于坚持以客户为中心进一步提升优质服务水平的意见》指出：服务再电气化，加快配电网标准化建设改造，2020年城网供电可靠率达到（　　）%。

A.90　　B.99

C.99.99　　　　D.100

答案：C

4.《国家电网公司关于坚持以客户为中心进一步提升优质服务水平的意见》指出：面向新时代，必须坚持以客户为中心，抓重点、补短板，提供优质高效的（　　）更好服务人民美好生活需要。

A.供电服务　　　　B.客户服务

C.营业服务　　　　D.新型供电服务

答案：D

5.《国家电网公司关于坚持以客户为中心进一步提升优质服务水平的意见》指出：聚焦人民电业为人民，提高全社会普遍服务水平，提供（　　）服务。

A.可靠快速　　　　B.可靠便捷

C.智慧温馨　　　　D.智慧温暖

答案：BC

6.《国家电网公司关于坚持以客户为中心进一步提升优质服务水平的意见》指出：聚焦供给侧结构性改革，服务电力市场化改革，强化政企客户用电服务，营造良好营商环境，提供（　　）服务。

A.主动快速　　　　B.主动高效

C.清洁增值　　　　D.绿色增值

答案：BD

7.《国家电网公司关于坚持以客户为中心进一步提升优质服务水平的意见》指出：聚焦能源服务新业态，大力开拓能源（　　），满足客户用能需求，打造公司能源服务新品牌。

A.竞争市场　　　　B.优化市场

C.服务市场　　　　D.业务市场

答案：C

8.《国家电网公司关于坚持以客户为中心进一步提升优质服务水平的意见》指出：服务人民生活更美好的能力显著增强，城乡供电能力和可靠性水平明显提高，人民群众（　　）全面提升。

A.满足感　　　　B.获得感

C.幸福感　　　　D.荣誉感

答案：BC

9.《国家电网公司关于坚持以客户为中心进一步提升优质服务水平的意见》指出：拓展服务新模式，客户（　　）在公共服务行业领先。

A.服务感知　　　　B.服务满意度

C.业务感知　　　　D.业务满意度

答案：AB

10.《国家电网公司关于坚持以客户为中心进一步提升优质服务水平的意见》指出：开展业扩接电专项治理，严格业扩接电全时系统流转、分环节回访，高、低压业扩环节分别精简至（　　）个和（　　）个，10kV、400V非居民业扩项目平均接电时间分别压缩至（　　）天和（　　）天，35kV及以上业扩项目接电时间通过合同明确。

A.5，4，80，30　　B.4，3，80，30

C.5，4，70，20　　D.4，3，70，20

答案：B

11.《国家电网公司关于坚持以客户为中心进一步提升优质服务水平的意见》指出：力争2018年世界银行“获得电力”指标排名进入前（　　）位、2019年进入前50位。

A.40　　B.50

C.60　　D.70

答案：C

12.《国家电网公司关于坚持以客户为中心进一步提升优质服务水平的意见》指出：2017年12月11日，国家电网公司公告，经国资委批复同意，国家电网公司由“全民所有制”改为“（　　）”，企业名称由“国家电网公司”变更为“国家电网有限公司”。

A.私有企业　　B.国民经济企业

C.国有企业　　D.国有独资公司

答案：D

13.《国家电网公司关于坚持以客户为中心进一步提升优质服务水平的意见》指出：建设营销服务“网上国网”，建立客户聚合、业务通融、数据共享的统一网上服务平台，实现（　　）。

A.交费　　B.办电

C.能源服务　　D.业扩报装

答案：ABC

14.《国家电网公司关于坚持以客户为中心进一步提升优质服务水平的意见》指出：拓展智慧车联网价值链，与（　　）深化战略合作，构建“电动汽车+”服务生态圈。

A.公共服务行业　　B.电动汽车企业

C.共享单车　　D.电动汽车租赁企业

答案：ABD

（三）判断题

1.《国家电网公司关于坚持以客户为中心进一步提升优质服务水平的意见》指出：做好前期捐建光伏扶贫电站的运行工作；帮助集体和贫困群众获得光伏上网电费及补贴等扶贫收益3年共计2亿元。（　　）

答案：×

2.《国家电网公司关于坚持以客户为中心进一步提升优质服务水平的意见》指出：加大对公司1213个主要扶贫点的帮扶力度，帮助拓展农副特产销售渠道，安排695名书记驻村帮扶，为实现扶贫点脱贫摘帽目标贡献力量。（　　）

答案：√

3.《国家电网公司关于坚持以客户为中心进一步提升优质服务水平的意见》指出：车

联网平台接入充电桩500万个，加快电动汽车有序充放电和电池储能推广应用，助力“智能交通、绿色出行”。(　　)

答案：×

4.《国家电网公司关于坚持以客户为中心进一步提升优质服务水平的意见》指出：到2020年接入充电桩300万个，其中公共充电桩40万个，家庭个人等自用充电桩260万个。(　　)

答案：√

5.《国家电网公司关于坚持以客户为中心进一步提升优质服务水平的意见》指出：到2020年，雄安新区、江苏同里、天津武清等地区的综合能源示范项目投入使用，在商业模式上取得突破，引领作用充分显现。(　　)

答案：√

6.《国家电网公司关于坚持以客户为中心进一步提升优质服务水平的意见》指出：超过200万分布式能源客户接入光伏云网，获得分布式光伏接入、运行、结算等线上服务；超过1200家优质供应商入驻光伏云网，提供分布式光伏周边产品及增值服务，分布式光伏生态圈蓬勃发展。(　　)

答案：×

7.《国家电网公司关于坚持以客户为中心进一步提升优质服务水平的意见》指出：持续推进电网自动化建设，提高故障情况下的处置速度，配电自动化覆盖率达到90%以上；加强配网设备状态监测和主动检修，消除电网故障隐患，提高供电可靠性。(　　)

答案：×

8.《国家电网公司关于坚持以客户为中心进一步提升优质服务水平的意见》指出：加快配电网标准化建设改造，城网客户年均停电时间进一步减少至3h以内，支撑家庭电气化发展需要。(　　)

答案：×

9.《国家电网公司关于坚持以客户为中心进一步提升优质服务水平的意见》指出：为居民家庭更换大容量智能电能表合理收取更换费用，引领居民家庭改变生活方式，享受绿色、智能电气化生活。(　　)

答案：×

10.《国家电网公司关于坚持以客户为中心进一步提升优质服务水平的意见》指出：为居民客户提供能效诊断、用能咨询、安全用电、智能家居、电采暖、有序充电等保姆式、菜单式用能服务，满足居民客户合理用能、智慧用能需求。(　　)

答案：√

11.《国家电网公司关于坚持以客户为中心进一步提升优质服务水平的意见》指出：通过移动互联网渠道获取24h响应服务，实现简单业务“一次都不跑”，复杂业务“最多跑一次”，服务响应速度明显提高，第三方调查客户满意度保持公共服务行业领先。(　　)

答案：×

12.《国家电网公司关于坚持以客户为中心进一步提升优质服务水平的意见》指出：公司作为关系国家能源安全和国计民生的国有重点骨干企业，是服务保障民生的重要力

量。(　　)

答案：√

13.《国家电网公司关于坚持以客户为中心进一步提升优质服务水平的意见》指出，电网在能源转型和优化配置中具有关键作用，公司立足国情和世界能源变革趋势，着力促进清洁能源发展，提出建设具有卓越竞争力的国际一流能源互联网企业的战略目标，要求充分发挥电网优化配置资源能力和市场平台功能，提高电网平衡调节和源网荷协调互动水平。(　　)

答案：×

14.《国家电网公司关于坚持以客户为中心进一步提升优质服务水平的意见》指出，深化售电公司“一地注册、信息共享”工作机制，搭建公开公正、规范高效的交易平台。(　　)

答案：×

（四）简答题

1.根据《国家电网公司关于坚持以客户为中心进一步提升优质服务水平的意见》，请回答坚持以客户为中心提升优质服务水平的总体思路是什么？

答案：总体思路是，统筹服务党和国家工作大局、服务人民美好生活、服务经济社会发展、服务能源转型的新要求，以建设具有卓越竞争力的世界一流能源互联网企业为战略目标，以“让人民生活更美好八大服务工程”为抓手，构建供电服务新体系，全面树立以客户为中心的服务理念。聚焦人民电业为人民，提高全社会普遍服务水平，提供可靠便捷、智慧温馨服务。聚焦供给侧结构性改革，服务电力市场化改革，强化政企客户用电服务，营造良好营商环境，提供主动高效、绿色增值服务。聚焦能源服务新业态，大力开拓能源服务市场，满足客户用能需求，打造公司能源服务新品牌。

2.根据《国家电网公司关于坚持以客户为中心进一步提升优质服务水平的意见》，请简述坚持以客户为中心提升优质服务水平的主要目标是什么？

答案：主要目标是，服务人民生活更美好的能力显著增强，城乡供电能力和可靠性水平明显提高，人民群众获得感、幸福感全面提升。服务市场化能力进一步提高，客户服务能力、市场开拓能力在能源行业领先。拓展服务新模式，客户服务感知和服务满意度在公共服务行业领先。全面满足客户多元化用能需求，构建形成智慧车联网、综合能源服务、光伏云网、能源电商等能源服务新业态。利用3年时间，基本建成以客户为中心的现代服务体系。

3.《国家电网公司关于坚持以客户为中心进一步提升优质服务水平的意见》指出：坚持以客户为中心提升优质服务水平的基本原则是什么？

答案：基本原则是：坚持客户至上，围绕客户服务一条主线，把客户需求贯穿于公司各项工作，实现“始于客户需求、终于客户满意”。坚持问题导向，抓住客户服务热点难点，精准发力，有效提升服务质效。坚持因地制宜，综合考虑地域差异、市场竞争、成本效益等因素，明确服务边界，优化服务标准。坚持创新引领，根据客户和市场需求变化，不断优化服务体系，创新服务体制机制，确保公司在能源行业的示范引领地位。

第七章 案例分析及识图题

第一节 案例分析

一、重要保电事件处置应急预案案例分析

1.问题描述：上合峰会于6月9日至10日在山东青岛举行。峰会期间，部分海内外政界领导人将出席相关活动，为保证活动期间电力可靠供应，国家有关部门要求供电公司全力保供电，并针对活动有关场所开展用电安全检查。

鉴于此种情况：

（1）供电企业应该实施哪一级重要保电事件？

（2）此次安全用电检查属于哪一类？

（3）用电安全检查的主要内容是什么？

答案要点

（1）根据《国家电网公司重要保电事件（客户侧）处置应急预案》规定，国家承办举办特别重大的政治、经济、文化、体育等活动，以及特别重大突发事件处置，需要公司协调解决电力供应保障或支援的事件，以及公司确定的保电事件，属于特别重大保电事件。

（2）根据《国家电网公司客户安全用电服务若干规定（试行）》规定，此次检查属于特殊性检查。特殊性检查指因重要保电任务或其他需要而开展的用电安全检查。

（3）根据《国家电网公司客户安全用电服务若干规定（试行）》规定，用电安全检查的主要内容如下：

1）自备保安电源的配置和维护是否符合安全要求。

2）闭锁装置的可靠性和安全性是否符合技术要求。

3）受电装置及电气设备安全运行状况及缺陷处理情况。

4）是否按规定的周期进行电气试验，试验项目是否齐全，试验结果是否合格，试验单位是否符合要求。

5）电能计量装置、负荷管理装置、继电保护和自动装置、调度通信等安全运行情况。

6）并网电源、自备电源并网安全状况。

7）安全用电防护措施及反事故措施。

2.问题描述：重要活动客户侧保电时，营销专业应协助客户编制客户侧保电方案，开展隐患排查，请简述客户侧保电方案的基本内容，常规和深度隐患排查的主要内容。

答案要点

（1）营销专业负责组织编制客户侧保电方案，特别重大的保电任务由省公司统一组

织编制。保电方案编制完成后应经编制单位安监、运检、调控、信通等相关专业部门审核、批准及发布。

（2）保电方案应包括组织机构及职责划分、保电范围、保电时间、阶段划分、重点工作安排、指挥网络和工作要求等内容。

（3）保电任务应编制任务清单，任务清单全面覆盖本专业全部工作任务和协同部门工作任务。

（4）营销部门应汇总运检部门梳理的客户供电线路等信息和调控中心梳理的涉及客户相关变电站信息，纳入保障方案。

（5）营销部门应按照保电任务类别及重要性等级，梳理测算保电任务所需的人员、车辆、物资，编制保电资源配置清单，审批后提交相关专业协同部门进行配置。

（6）通用排查的主要内容包括保电场馆的供电电源、应急电源、受电装置、运行维护、值班管理、应急管理、重要负荷等。

（7）深度排查在通用排查基础上进行，对场馆红线处供电电源一直延伸至重要末端负荷处的高低压设备、重要末端负荷、不间断电源等开展安全隐患缺陷排查。排查的主要内容包括追溯保电场馆内灯头、插座、传声器等末端重要负荷；梳理供电回路走向、预估接入负荷容量、不间断电源配置情况、供电回路的配置情况；检查UPS、EPS、自备发电机等自备应急电源系统的工作情况；配置应急移动发电车（机）的保电场馆，应检查应急移动发电车（机）接口、停靠位置、临时电缆通道及所带负荷清单。

二、电能计量装置技术管理规程案例分析

问题描述：某工业用户建有室内变电站一座，供电电压为10kV，中性点不接地，变压器容量为1500kVA，请根据DL/T 448—2016《电能计量装置技术管理规程》的要求及电能计量方式的相关规定，为该用户选配计量装置（互感器非组合式），并回答下列问题：

（1）该用户应采用哪种计量方式？按计量对象重要程度和管理需要分类，该用户的电能计量装置属于哪类电能计量装置？

（2）应如何配置电能表的类型、数量、准确度等级、参比电流、参比电压？

（3）应如何配置电压互感器的数量、变比、准确度等级、接线方式？

（4）应如何配置电流互感器的数量、变比、准确度等级、接线方式？

（5）应如何选用互感器二次连接导线的材质、规格？

答案要点

（1）根据DL/T 448—2016《电能计量装置技术管理规程》的规定，该用户应配置Ⅲ类电能计量装置，采用高供高计计量方式。

（2）配置三相三线智能电能表，1只，有功准确度等级：0.5S级，无功准确度等级2级，参比电压均为3×100V，参比电流均为3×1.5（6）A。

（3）电压互感器变比为10000V/100V，准确度等级0.5级，数量2台；采用V/V接线。

（4）电流互感器变比：实际负荷电流＝1500/（1.732×10）＝86.6（A）。电流互感

器额定一次电流的确定，应保证其在正常运行中的实际负荷电流达到额定值的60%左右，86.6/0.6=144.3（A），应选用150A/5A电流互感器；准确度等级0.5S级；数量2台，接线方式采用两相四线制。

（5）互感器二次回路的连接导线应采用铜质单芯绝缘线。对电流二次回路，连接导线截面面积应按电流互感器的额定二次负荷计算确定，至少应不小于4mm^2。对电压二次回路，连接导线截面面积应按允许的电压降计算确定，至少应不小于2.5mm^2。

三、客户服务案例分析

问题描述：某检查员工作一向认真仔细，一日检查发现某居民用户用电量突增，查实该用户在家私设熨烫房，承接业务，于是告知用户已变更用电性质，应立即更改电价，客户回复老板不在，请检查员与老板协商。检查员回到办公室，直接发起改类申请变更了该户电价。当月电费发行后，客户来电投诉供电公司在没有告知的情况下把该户的居民用电改为了商业用电，用户认为此举属擅自更改合同内容，表示愤慨并投诉，要求核实处理。

通过以上案例，请分析：

（1）该案例违反了哪些规定？

（2）该案例暴露出供电企业存在哪些问题？

（3）有哪些意见和建议？

答案要点

【违规条款】

（1）《供电营业规则》第九十四条供用电合同的变更或者解除，必须依法进行。有下列情形之一的，允许变更或解除供用电合同。第1款：当事人双方经过协商同意，并且不因此损害国家利益和扰乱供用电秩序。

（2）违反《供电营业规则》第一百条：危害供用电安全、扰乱正常供用电秩序的行为，属于违约用电行为。供电企业对查获的违约用电行为应及时予以制止。有下列违约用电行为者，应承担其相应的违约责任。第1款：在电价低的供电线路上，擅自接用电价高的用电设备或私自改变用电类别的，应按实际使用日期补交其差额电费，并承担2倍差额电费的违约使用电费。使用起讫日期难以确定的，实际使用时间按3个月计算。

【暴露问题】

（1）工作方法不当，处理程序不规范。

（2）处理问题草率，对舆情估计不足，导致客户不满情绪升级。

【措施建议】

（1）书面告知用户违约用电存在问题，根据实际现场电价办理供用电合同变更手续。

（2）主动联系客户，向客户真诚道歉并宣讲政策。

（3）加强舆情监控，减少负面报道影响公司形象的事件发生。

四、用电检查案例分析

1.问题描述：某一食品加工公司，10kV供电，原报装变压器容量为800kVA。2018年3月份，供电公司用电检查人员到该户进行用电检查，发现该户变压器铭牌有明显变动的痕迹。于是，用电检查人员对该户变压器容量进行现场检测，经检测变压器容量实际为1000kVA。至发现之日止，其1000kVA变压器已使用9个月，试分析该户的用电行为，应如何处理？［基本电费按28元/（kVA·月）］

答案要点

该用户“私自更换变压器铭牌，将原报装变压器容量由800kVA更换为1000kVA”的行为违反了《电力供应与使用条例》所禁止的“用户不得有下列危害供电、用电安全，扰乱正常供电、用电秩序的行为”第三十条（二）款“擅自超过合同约定的容量用电”；《供电营业规则》第一百条规定“危害供用电安全、扰乱正常用电秩序的行为，属于违约用电行为”。《供电营业规则》第一百条第2款规定，私自超过合同约定的容量用电的，除应拆除私增容设备外，属于两部制电价的用户，应补交私增设备容量使用月数的基本电费，并承担3倍私增容量基本电费的违约使用电费；其他用户应承担私增容量每千瓦（kVA）50元的违约使用电费。如用户要求继续使用者，按新装增容办理手续。

因此，对该用户应做如下处理：

（1）补交私增设备容量使用月数的基本电费为$200 \times 28 \times 9 = 50400$（元）。

（2）承担3倍私增容量基本电费的违约使用电费$50400 \times 3 = 151200$（元）。

（3）拆除1000kVA变压器，更换为800kVA变压器。若用户要求继续使用1000kVA变压器，则应到供电公司按新装增容办理手续。

2.问题描述：2008年3月5日，某供电公司用电检查人员对已欠费停电的某科技公司进行用电检查，发现该厂由邻近陶瓷厂250kVA变压器引入低压电源用电，现场核实用电负荷容量为12.7kW。请问该户违反了哪些条款？如何处理？

答案要点

该行为违反《供电营业规则》第十四条的规定“用户不得自行转供电”；第一百条第6款“未经供电公司同意，擅自引入（供出）电源或将备用电源和其他电源私自并网的，除当即拆除接线外，应承担其引入（供出）或并网电源容量每千瓦（kVA）500元的违约使用电费”。

处理如下：

（1）用电检查人员应要求客户立即停止违约用电行为并拆除接线。

（2）分别向两家违约用电客户下达《用电检查结果通知书》。

（3）科技公司和陶瓷厂各自承担引入（供出）电源容量的违约使用电费共计$12.7 \times 500 = 635000$（元）。

3.问题描述：客户服务中心用电检查人员对某水泥厂办理变更用电检查中发现：该厂2个月前自行将已办理暂停手续的一台400kVA变压器启用，该厂办公用电接在其生活用电线路上，造成每月少计办公用电5000kWh，其接用时间无法查明，同时该厂未经批准向周边一用户转供电，经查该用户共有用电负荷4kW，请按照《供电营业规则》分析该厂有哪些违约用电行为，应该怎么处理［假设办公用电与生活用电差价为0.3元/kWh，基本电费按20元/（kVA·月）］?

答案要点

该厂共有3个方面的违约用电行为，分别如下：

（1）擅自使用已在供电企业办理暂停手续的电力设备或启用供电企业封存的电力设备。

（2）擅自接用电价高的用电设备或私自改变用电类别。

（3）未经供电企业同意，擅自引入（供出）电源或将备用电源和其他电源私自并网。

处理如下：

（1）补交基本电费$=20\times400\times2=16000$（元），违约使用电费$=2\times16000=32000$（元），停用违约使用的变压器或办理恢复变压器用电手续。

（2）补交高价低接所引起的差额电费$=5000\times3\times0.3=4500$（元），违约使用电费$=4500\times2=9000$（元）。

（3）补交私自供出电源的违约使用电费$=4\times500=2000$（元），总计共交费$16000+32000+4500+9000+2000=63500$（元）。

4.问题描述：9月3日上午11时10分左右，供电公司抄表人员在某县城台区抄表过程中，发现某复合材料厂，一块三相四线电能表不在原安装位置。经核查确认，该厂未办理用电变更手续，聘请社会电工私自将表迁移到新建厂房。请问该户行为违反了哪些条款，如何处理?

答案要点

该行为违反《供电营业规则》第一百条第5款的规定，“私自迁移、更动和擅自操作供电公司的用电计量装置、电力负荷管理装置、供电设施，以及约定由供电公司调度的用户受电设备者，属于居民用户的，应承担每次500元的违约使用电费；属于其他用户的，应承担每次5000元的违约使用电费。”

处理如下：该用户应向供电公司缴纳5000元的违约使用电费。

五、用电事故调查案例分析

某客户供电电源由110kV双电源供电，接线方式为内桥接线，供电方式为一主一备，该户备有一台高压发电机供保安负荷使用，使用电压等级为10kV，接线方式为单母线分段。A线路在运行中，B线路断开。因计划进行倒闸并检修1号主变压器，客户电气负责人口头发令，将A线路转为热备用状态，分开1号主变压器的断路器与高压侧隔离开关，并在1号主变压器高压侧隔离开关处挂接地线。由于客户内部另一名电工不熟悉具体情况，在A线路转热备用后，误以为故障停电，启动了10kV高压发电机，造成1号主变压器低压侧来电，正在1号主变压器低压侧检修的人员遭电击受伤。

请分析存在的问题，并简要说明用电事故调查的主要流程。

答案要点

存在问题为：

（1）客户内部倒闸与检修未报告用电检查员，也未按调度协议向电力调度部门汇报获得许可。

（2）客户两票制度执行不规范，未开具工作票、操作票，仅为口头发令，内部管理混乱，电工无票即启动发电机。

（3）倒闸操作应将A线路转为冷备用状态，而非热备用状态。

（4）停电措施不到位，未对每个可能来电的方向均设置断开点，未分开1号主变压器低压侧隔离开关。

（5）接地措施不到位，未在1号主变压器低压侧合上接地刀闸或挂接地线，未对1号主变压器进行三相短路。

【调查流程】

（1）督促客户保护事故现场，组织值班人员、作业人员了解事故经过，搜集有关记录文件资料。

（2）调查事故情况，包括事故经过、设备记录与动作情况、现场管理规程制度等。

（3）开展原因分析，制定防范措施，指导客户消除故障后，确认并恢复送电。

（4）在调查后7天内协助用户提出事故调查报告。

六、安全用电案例分析

问题描述：张某于2006年元月在农村偏僻之处承包一养鱼塘后，向供电所申请架设一条三相四线低压线路供其养鱼用电，2006年1月底，供电所沿鱼塘为其架设三相四线线路（裸导线），最大弧垂时对地距离为5.2m。2007年1月，张某将鱼塘挖深，并将挖出的淤泥垫高鱼塘四周，此时导线最大弧垂时对地距离3.8m。2007年2月，供电所人员巡线时，发现地面已被垫高，要求张某将垫高部分铲除，恢复原样，并作了书面通知，但张某拒不服从。2007年6月，张某为能便于更好地管理鱼塘，决定在鱼塘边建房，建房过程中张某之友王某垂直运输长5m的建房钢筋时，不幸触及线路死亡。2007年7月，王某家人以线路产权属供电公司所有为由将供电公司告上法庭，要求供电公司赔偿责任。

在该案中，供电公司应否承担赔偿责任？

答案要点

在该案中供电公司不承担赔偿责任。

（1）根据《农村低压电力技术规程》(DL/T 449—2001)第6.7.2条的规定，裸导线对地面、水面、建筑物及树木间的最小垂直距离，在交通困难的地区为4m。而该案中，供电所为其架设的低压线路最大弧垂时对地距离为5.2m，符合规程规定。

（2）张某擅自将鱼塘四周垫高，使导线在最大弧垂时对地距离缩短，并且在接到供电所人员要求将其垫高部分恢复原样的通知后，拒不执行，因此属于故意行为。主观上存在明显的过错。

（3）王某在运输长5m的建房钢筋时，违反常规的运输方法是导致其触电的直接原因，自身也存在明显过错，应承担相应的责任。

（4）王某在帮助张某建房过程中触电身亡，虽是王某过错但其受益人是张某，因此张某在该案中应承担相应的主要赔偿责任。

七、自备应急电源配置案例分析

1.问题描述：供电企业收到某大型石油炼化生产企业110kV受电新装用电项目设计图纸。该企业申请容量50000kVA，保安负荷500kW，图纸审查情况如下：

（1）110kV线路工程设计单位为某电力工程甲级设计单位。

（2）采用110kV单电源供电，应急电源由客户自备。

（3）采用1台50000kVA主变压器受电。

（4）保安负荷500kW（停电会造成设备爆炸），自备柴油发电机组容量480kW。

请分析设计图纸存在的问题并简要说明原因。

答案要点

图纸设计不符合以下规定：

（1）图纸设计不符合《重要电力用户供电电源及自备应急电源配置技术规范》（GB/Z 29328—2012）中“一级重要电力用户宜采用双电源供电”的规定。该户为一级重要电力用户，未采用双电源供电。

（2）图纸设计不符合《国家电网公司业扩供电方案编制导则》9.3.1“35kV及以上电压等级应采用单母线分段接线或双母线接线。装设两台及以上主变压器”的规定。图纸只有1台变压器受电。

（3）图纸设计不符合《重要电力用户供电电源及自备应急电源配置技术规范》（GB/Z 29328—2012）中“重要电力用户均应自行配置应急电源，电源容量至少应满足全部保安负荷正常供电的要求”的规定。发电机组容量为480kW小于保安负荷500kW，不能满足全部保安负荷正常供电的要求。

2.问题描述：某供电公司在安全检查时，发现10kV供电的某化工公司（重要客户）将未按要求加装可靠闭锁装置的发电机直接接到低压三相母线上，经查该公司无任何申请、审批使用自备发电机的手续。该事件应如何处理？该事件暴露什么问题？有何措施建议？

答案要点

【处理方法】

该行为违反《关于加强重要电力用户用电供电电源及自备应急电源配置监督管理的意见》（电监安全〔2008〕43号）规定中的三部分第（八）条“重要电力用户新装自备应急电源及其业务变更要向供电公司办理相关手续，并与供电公司签订自备应急电源使用协议，明确供用电双方的安全责任后方可投入使用”第（九）条“重要电力用户新装自备电源投入切换装置技术方案要符合国家有关标准和所接入电力系统安全要求”。

【暴露问题】

对用户的自备应急电源管理不到位。

【措施建议】

（1）协助客户到供电公司补办自备发电机使用的相关手续，并提供必要的技术支持。

（2）要求客户严格按规定，在自备发电机与电网电源之间加装可靠的闭锁装置，防止倒送电。

八、竣工验收案例分析

问题描述：2017年6月15日，某供电公司用电检查人员到达某水泥生产企业现场，对该客户110kV供电的31500kVA主变压器受电工程进行竣工验收，发现该企业存在如下问题：（1）安装的变压器为S7型。

（2）计量电流互感器准确度等级为0.5级。

（3）客户新购的高压试电笔只有出厂说明。

（4）主变压器进行1次全电压冲击合闸无异常。

（5）运行人员由电工工作证由客户自己制作。

请分析：（1）该案例违反了哪些规定？

（2）该案例暴露出什么问题？

（3）有何措施建议？

答案要点

【违规条款】

（1）《中华人民共和国电力法》第十四条“电力建设项目不得使用国家明令淘汰的电力设备和技术”。

（2）《电能计量装置技术管理规程》（DL/T 448—2016），客户受电容量为31500VA，应为Ⅰ类计量装置，计量电流互感器准确度等级不应低于0.2S级。

（3）《国家电网公司电力安全工作规程》，高压试电笔必须试验合格才能使用，否则存在安全隐患。

（4）《电气装置安装工程电气设备交接试验标准》（GB 50150—2006），主变压器应进行5次全电压冲击合闸，应无异常情况且第一次受电后持续时间不应少于10min；励磁涌流不应引起保护装置的误动。

（5）《电力供应与使用条例》第三十七条，在用户受送电装置上作业的电工，必须经电力管理部门考核合格，取得电力管理部门颁发的《电工进网作业许可证》，方可上岗作业。

【暴露问题】

（1）S7型变压器国家已规定为淘汰型产品，不符合国家相关规定。

（2）计量表计准确度等级低于0.2S级。

（3）新购的高压试电笔只有出厂说明书而没有试验合格报告。

（4）主变压器冲击试验少于5次。

（5）运行人员未持有效证件上岗。

【措施建议】

督促客户按上述竣工检验意见整改，并在整改完成后进行复验，验收合格后方能投入运行。

第二节　识图题

1.如图所示，若使开关S闭合后，则电流增大。

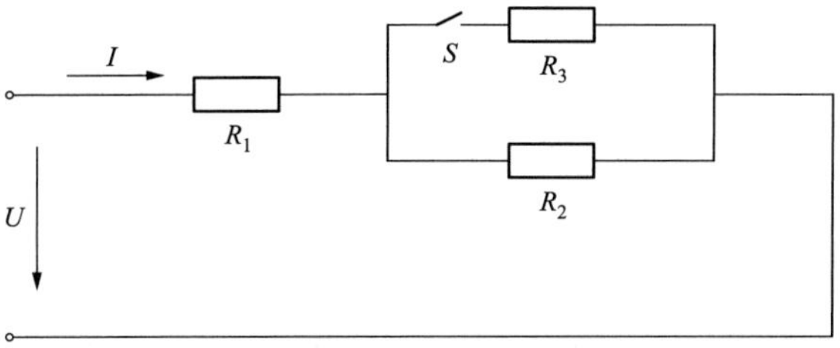

A.正确　　　　　　　　　　　　　B.错误

答案：A

2.在电感、电容、电阻串联正弦交流电路中，其阻抗三角形图正确的是（　　）。

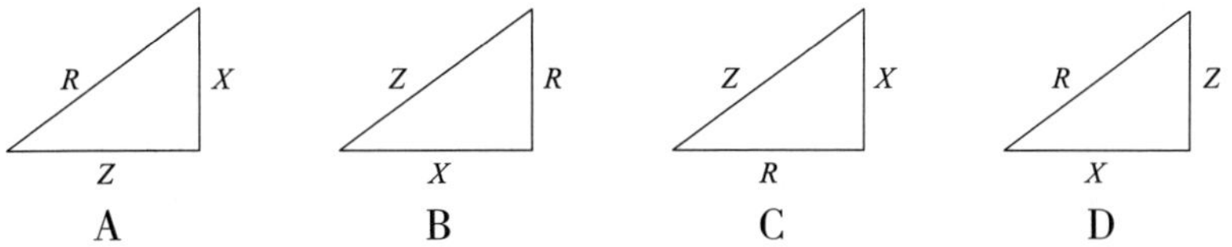

答案：C

3.电压互感器图形符号和文字符号全部正确的为（　　）。

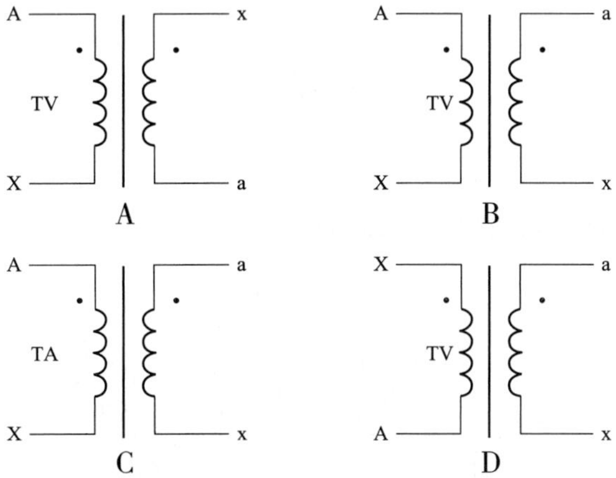

答案：B

4.如图所示，R_1=10Ω，R_2=20Ω，电源的内阻可忽略不计，若使开关S闭合后，电流为原电流的1.5倍，则电阻R_3应为（　　）Ω。

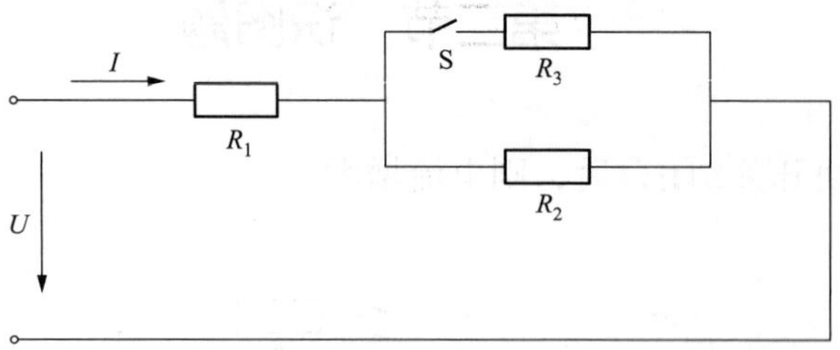

A.5　　　　B.10

C.20　　　　D.40

答案：C

5. 电流互感器图形符号和文字符号全部正确的为（　　）。

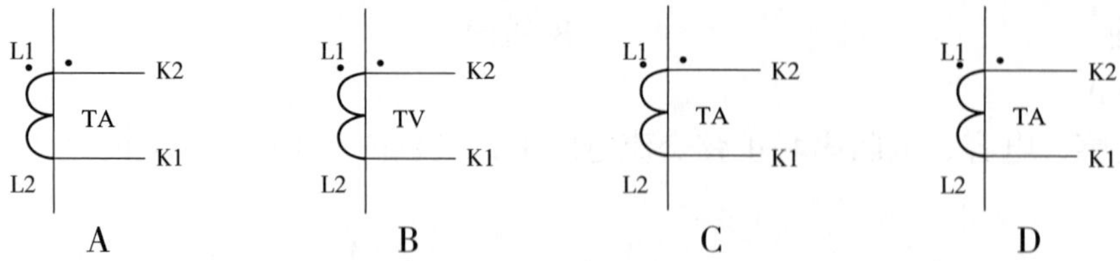

答案：C

6. 如图三相变压器的接线组别为（　　）。

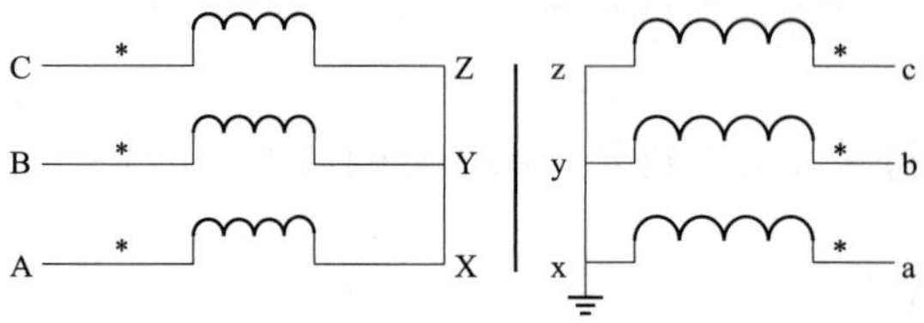

A.Yyn0　　　　B.Yy0

C.Yy6　　　　D.Yyn6

答案：A

7. 变压器绝缘电阻的测量接线图正确的是（　　）。

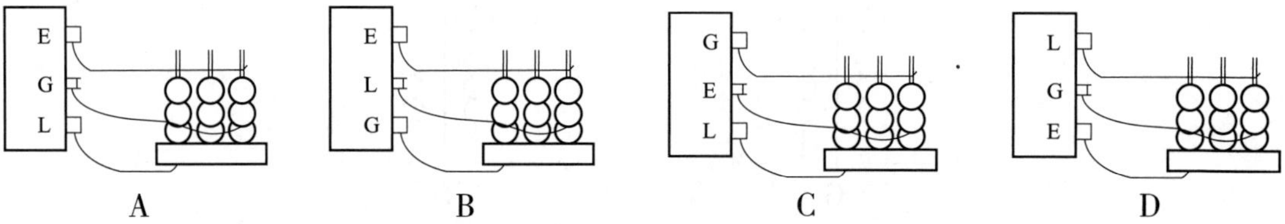

答案：D

8.如图所示：配电系统的接地方式为（　　）系统。

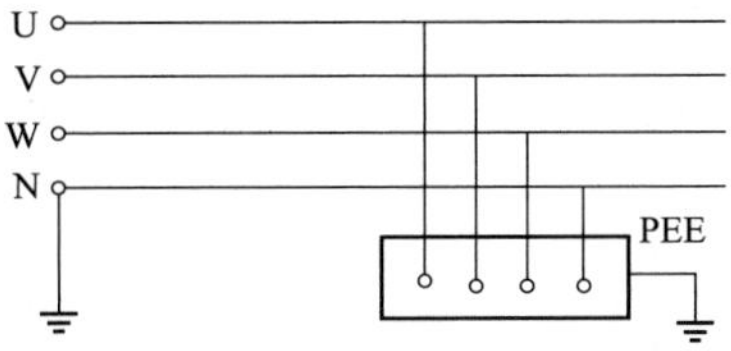

A.IT　　B.TT

C.TN–C　　D.TN–S

答案：B

9.如图为自动空气断路器（　　）脱扣器的能工作原理。

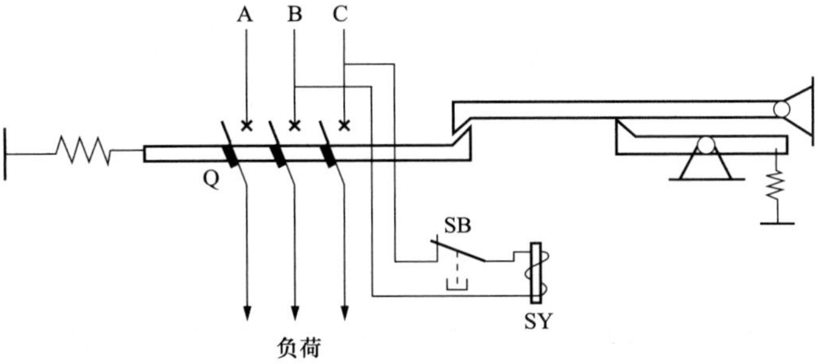

A.分磁　　B.过流

C.失压　　D.过负荷

答案：C

10.请选出三相变压器的Yyn6接线组别图（　　）。

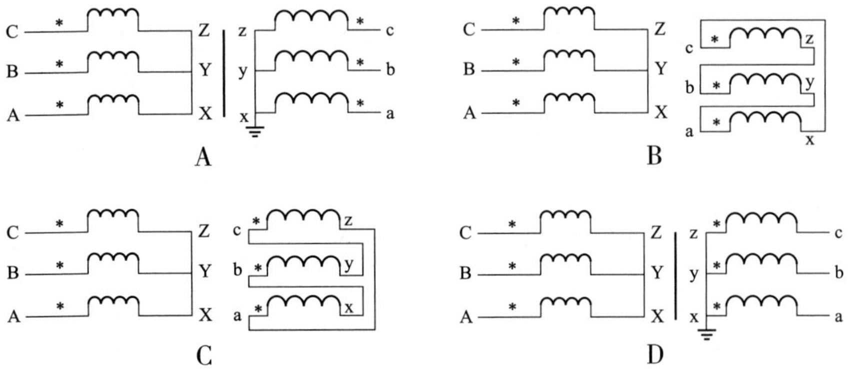

答案：D

11. 三相三线带TA有功电能计量装置接线图正确的是（　　）。

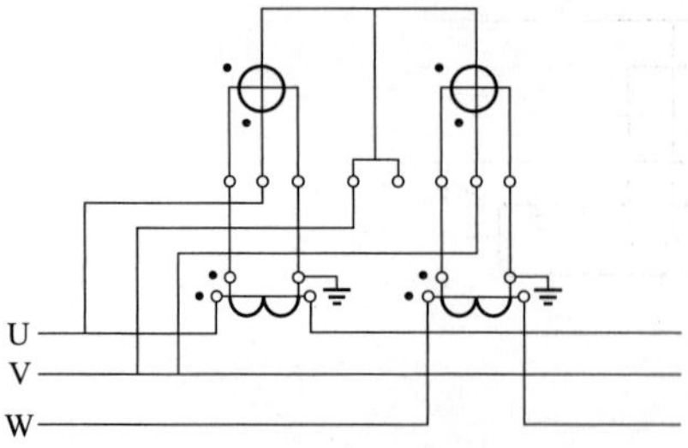

A

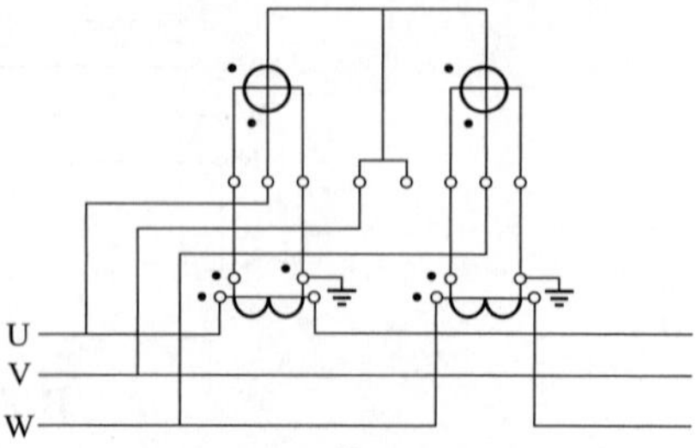

B

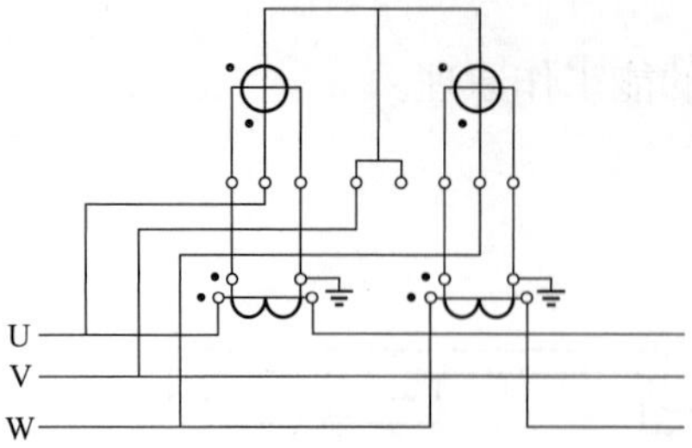

C

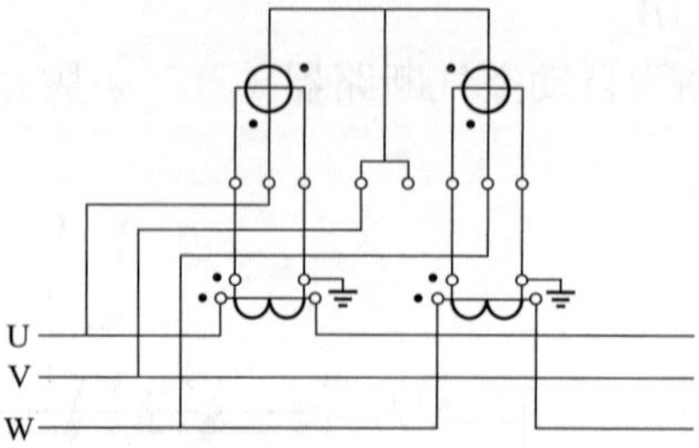

D

答案：C

12. 下图为电流互感器不完全星形接线图，请标明A、B、C三相二次侧流经电流表内的电流方向和电流互感器的极性均正确的是（　　）。

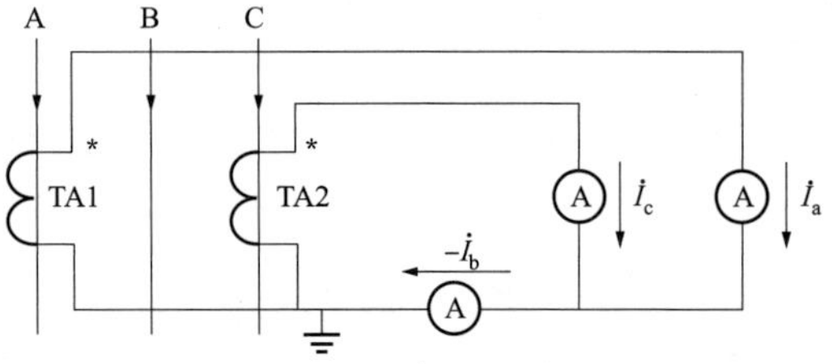

A

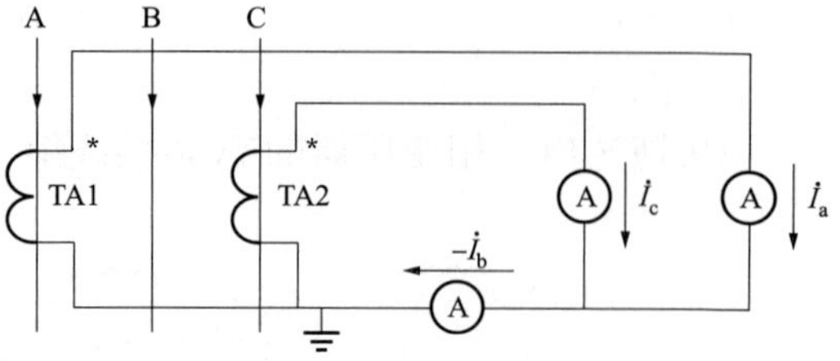

B

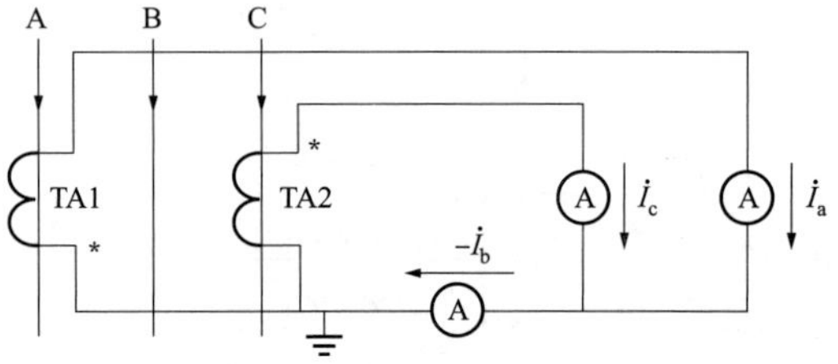

C

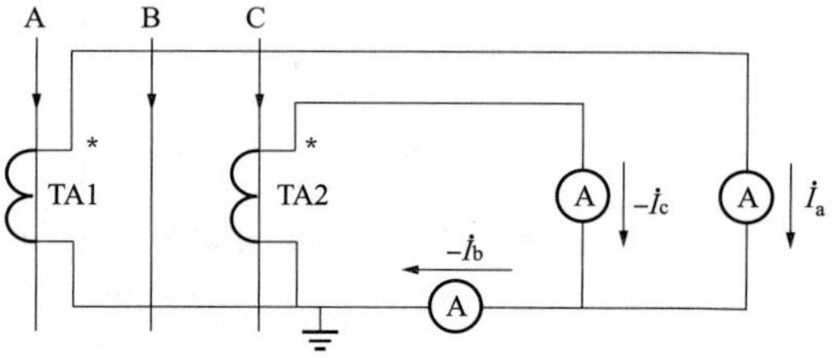

D

答案：B

13. 三相三线两元件有功电能表经TA–TV接入，计量高压用户电量的接线图。指出绘制正确的图是（　　）。

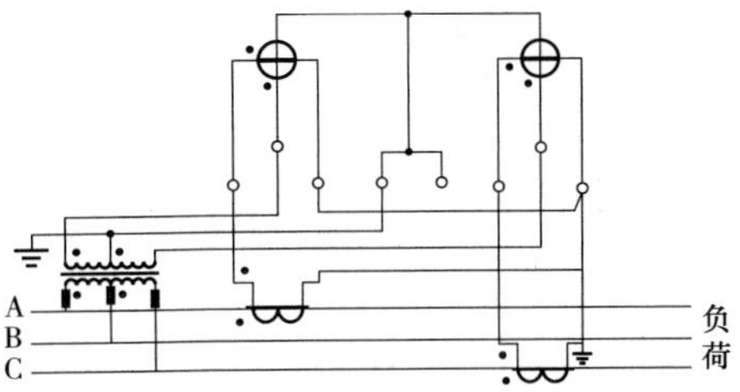

A

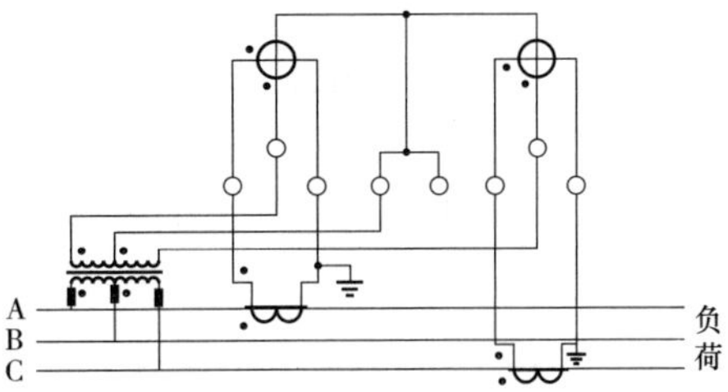

B

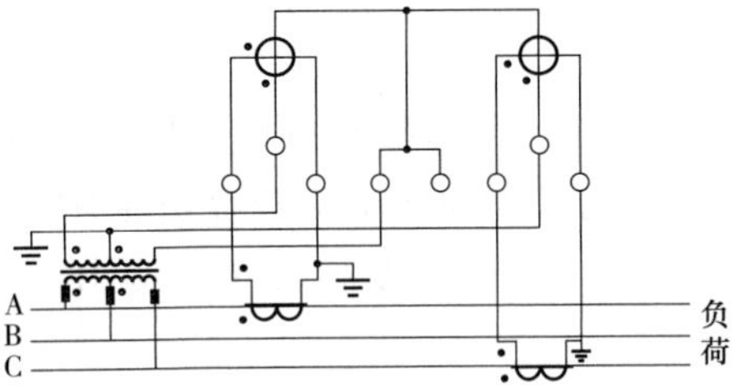

C

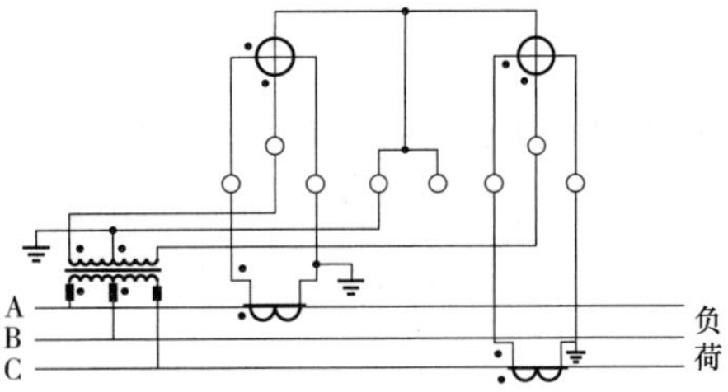

D

答案：D

14.运行中的三相三线有功电能表，若B相电压断开，此时电能表的相量图如下。第一元件的功率表达式是（　　），第二元件功率表达式是（　　）。

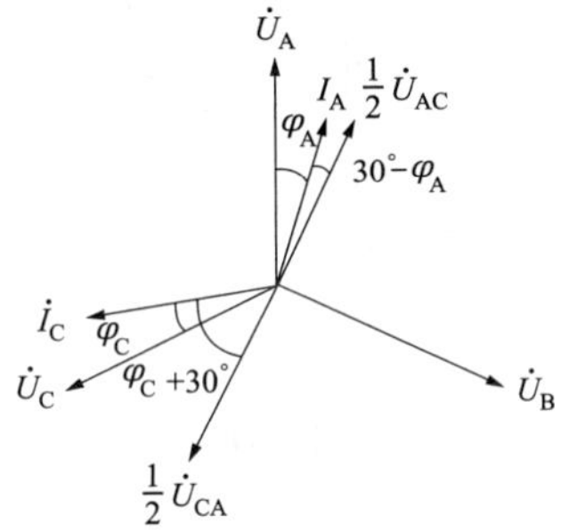

A.P_1=0.5UIcos（30°+φ_A），P_2=0.5UIcos（30°−φ_C）

B.P_1=0.5UIcos（30°−φ_A），P_2=0.5UIcos（30°+φ_C）

C.P_1=UIcos（30°+φ_A），P_2=UIcos（30°−φ_C）

D.P_1=UIcos（30°−φ_A），P_2=UIcos（30°+φ_C）

答案：B

15.输电线路阻抗为Z_L，对地导纳为Y_L，它的 π 型等效电路图是（　　）。

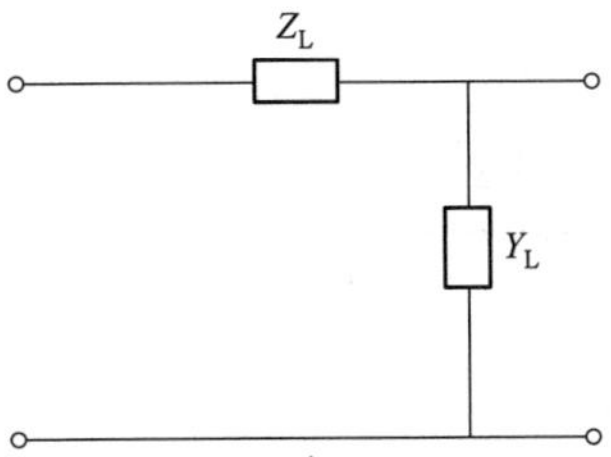

A

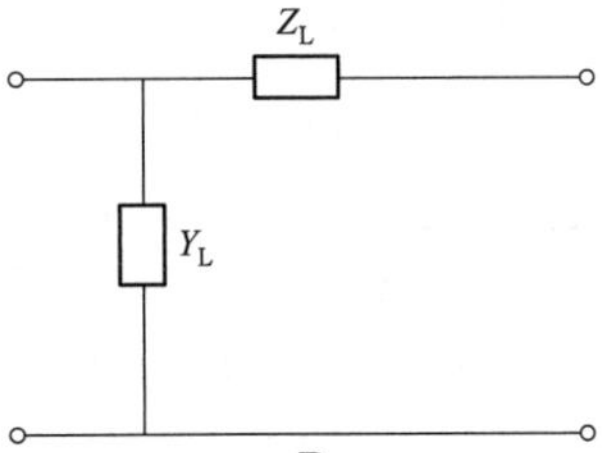

B

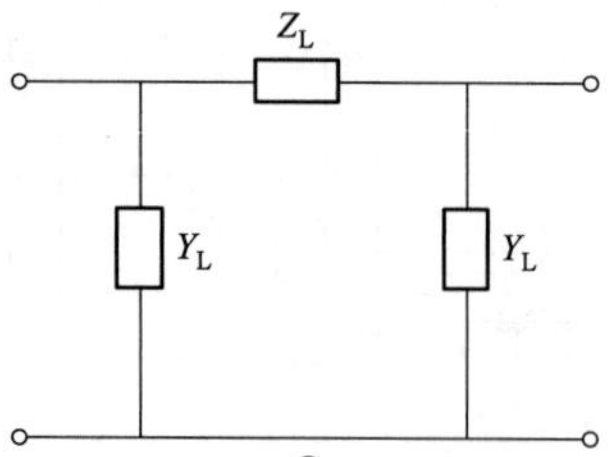

C

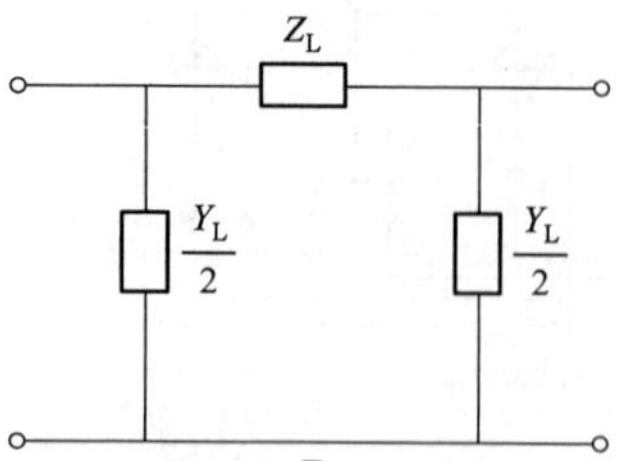

D

答案：D

16.10kV供电的一级重要用户，电气主接线如图所示，其中主供1和主供2分别来自两个不同方向的变电所，运行方式为两路进线同时运行互为备用（全容量备用），高压侧联络，受电变压器参数见图，计算该用户应按（　　）kVA收取高可靠性费用。

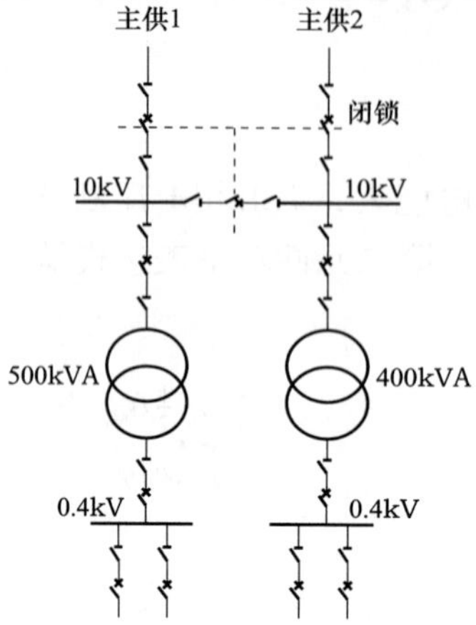

A.100　　B.400

C.500　　D.900

答案：D

17.双绕组变压器差动保护原理的正确图形是（　　）。

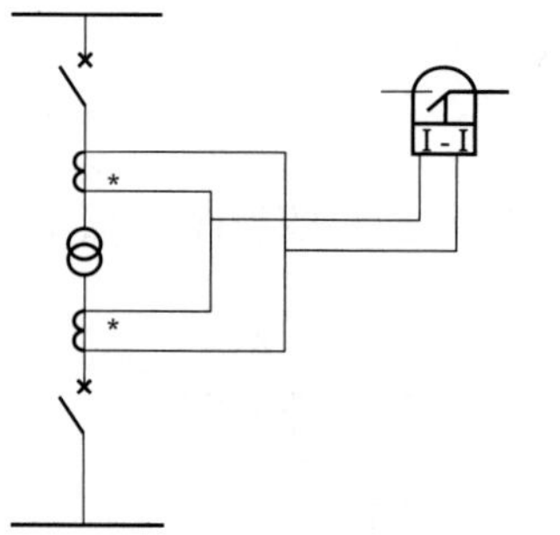

A

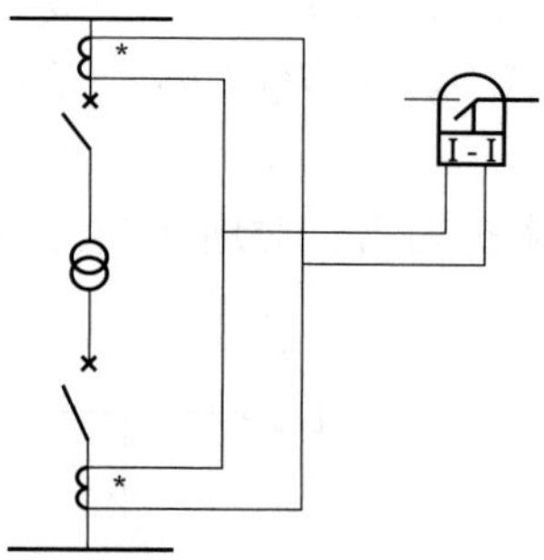

B

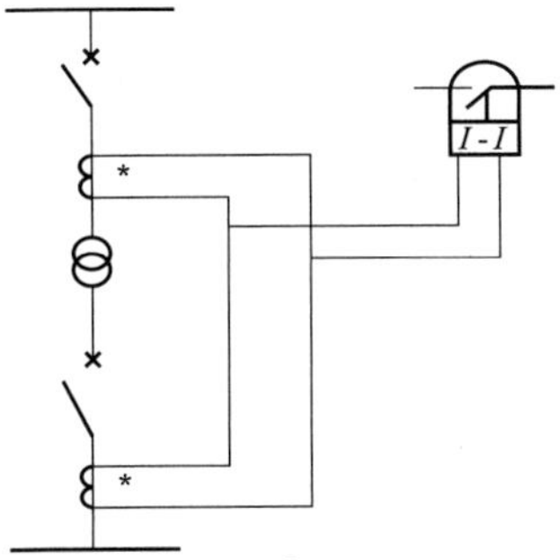

C

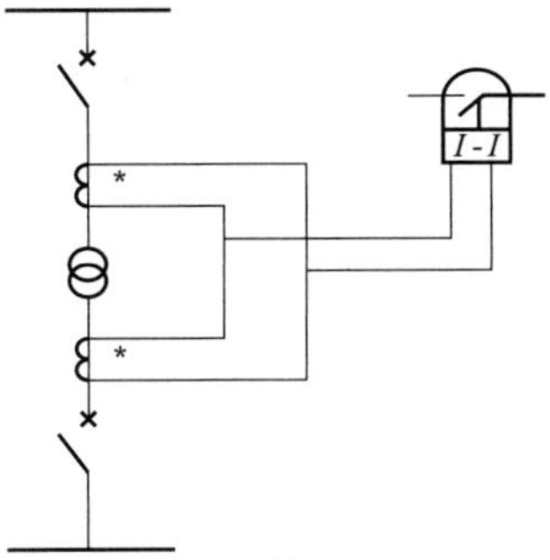

D

答案：D

18.当三相三线有功电能计量装置的V形连接电压互感器二次有一相断线，如图所示。电压互感器二次额定电压为100V，如果用电压表测量二次侧线电压U_{12}、U_{23}、U_{31}，在二次空载情况下，电压值应为：(　　)。

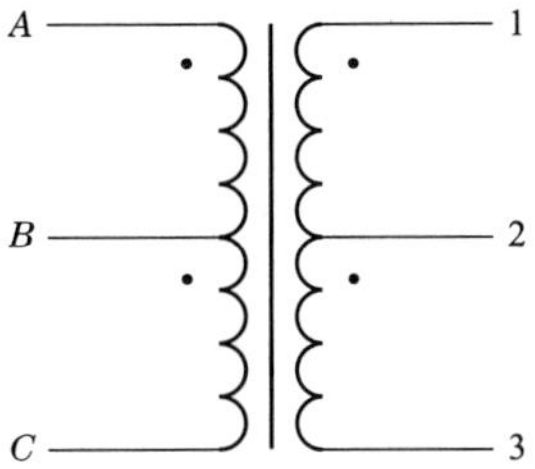

A.0，0，0　　B.0，0，100

C.0，100，100　　D.100，100，100

答案：B

19.正确的RC滤波电路图是（　　）。

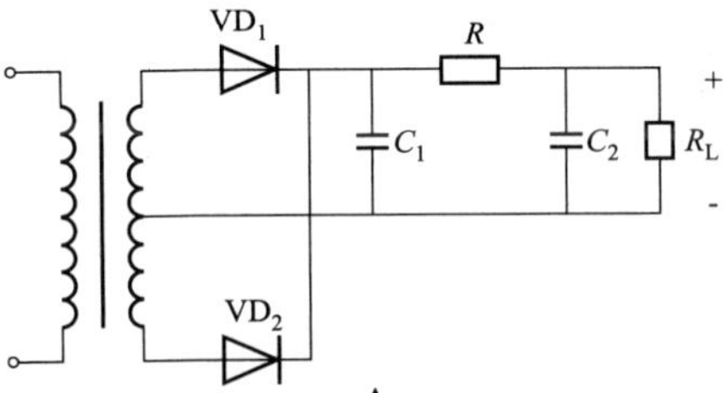

A

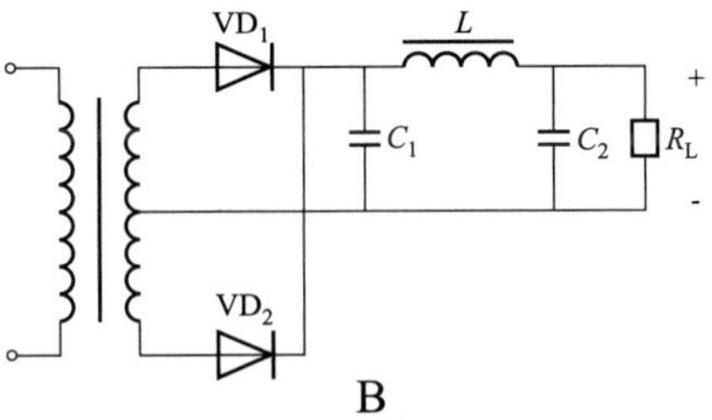

B

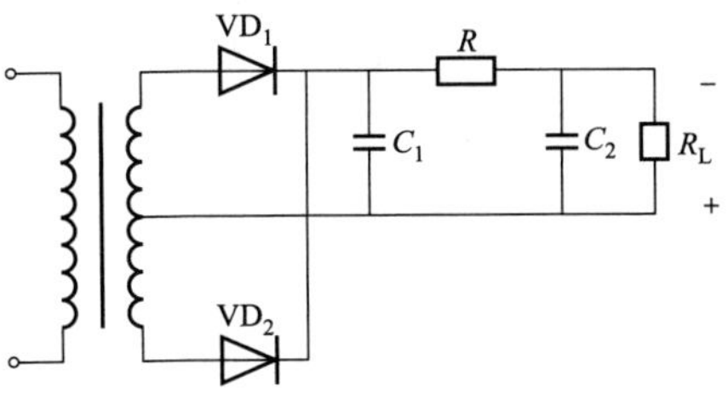

C

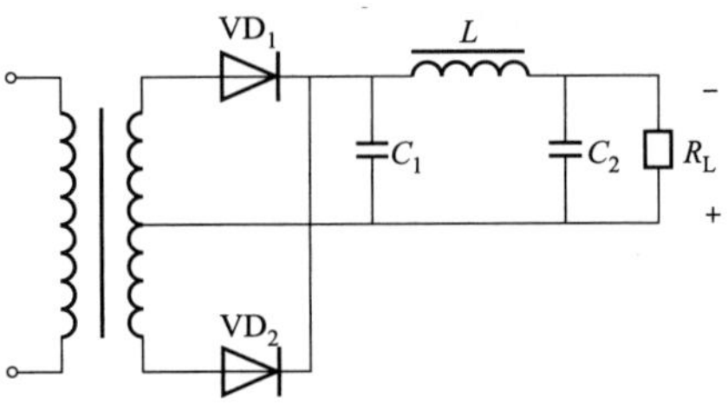

D

答案：A

20. 下图接线方式为（　　）。

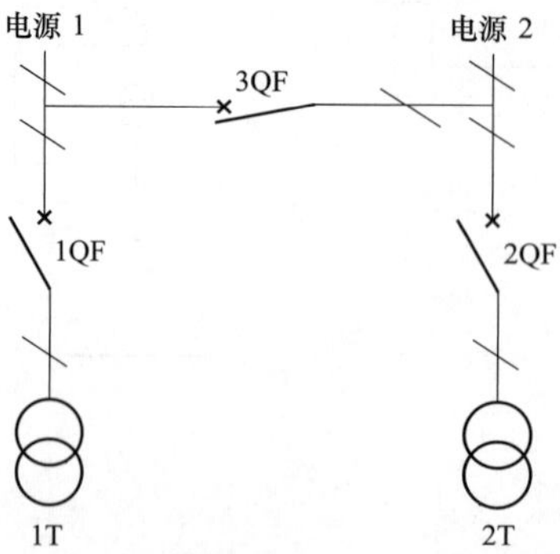

A. 单母线分段　　　　B. 内桥
C. 外桥　　　　　　D. 双母线

答案：C

21. 三相变压器的 Yd1 接线组别正确的为（　　）。

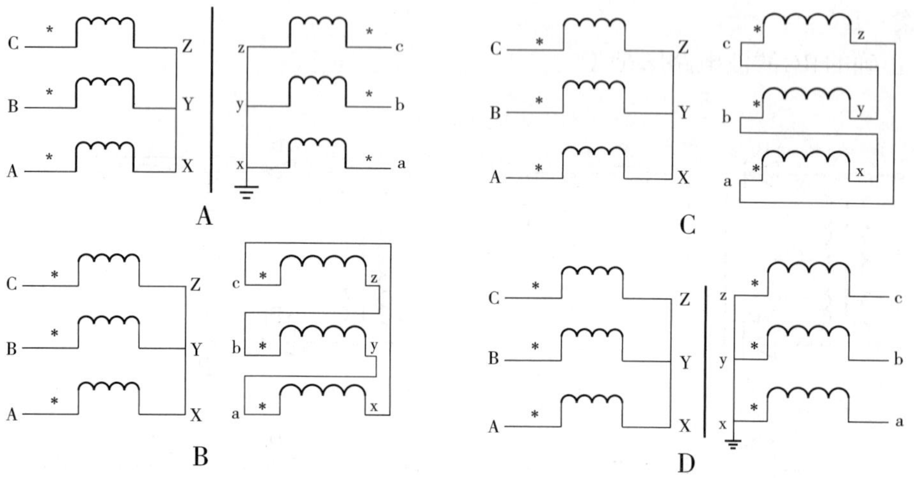

答案：C

22. 下图为（　　）接线方式图。

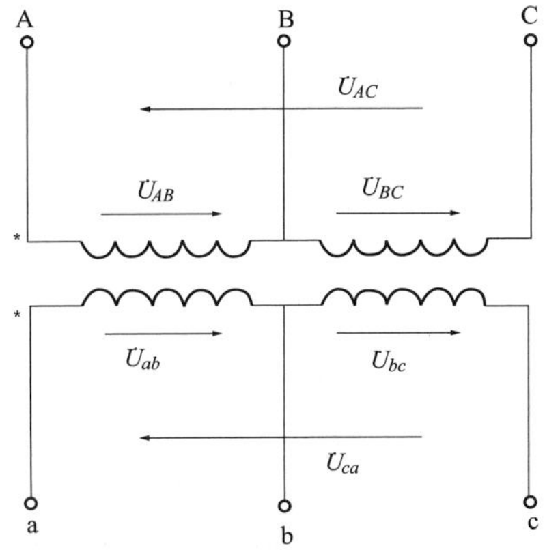

A. 三相变压器　　B. 两台单相变压器V形

C. 两相变压器　　D. 两台单相变压器Y形

答案：B

23. 如图所示，变压器低压系统采用接零保护，中性点接地电阻R_0=4Ω，保护零线重复接地电阻R_0' =4Ω，C相对地电压为220V。当保护零线断线时，发生漏电的电器的金属外壳对地电压约为（　　）V。如果保护零线没有重复接地时，发生漏电的电器的金属外壳对地电压约为（　　）V。

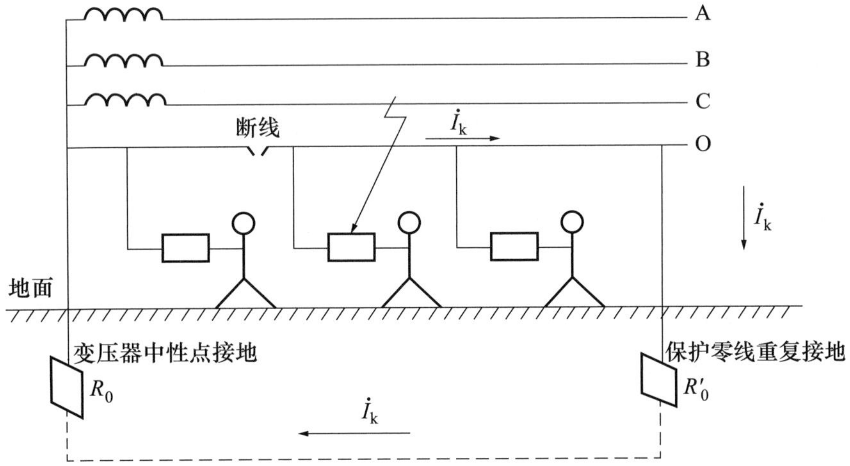

A.110，220　　B.0，220

C.110，110　　D.220，220

答案：A

24. 一用户三相三线有功电能表的错误接线方式为第一元件U_{AB}，$-I_A$；第二元件I_{AC}，$-I_c$。此错误接线方式的相量图如下。第一、二元件电压与电流的夹角是（　　）。

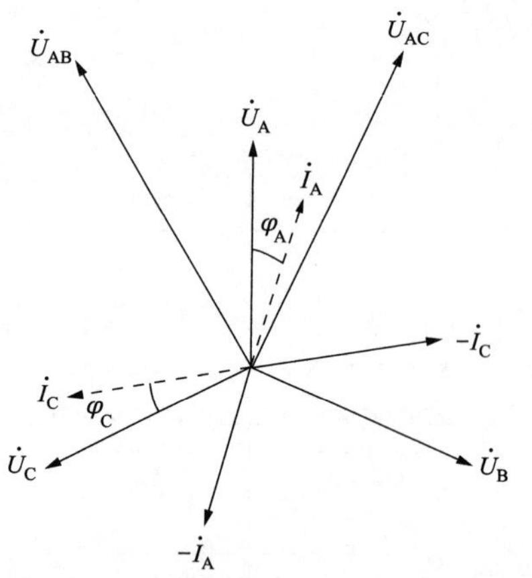

A.（$30°+\varphi$），（$150°-\varphi$）　　B.（$150°-\varphi$），（$30°+\varphi$）

C.（$30°-\varphi$），（$150°+\varphi$）　　D.（$150°+\varphi$），（$30°-\varphi$）

答案：B